過去・現在・未来を
見通す力

悟りを開く

RYUHO OKAWA
大川隆法

まえがき

悟りを開くとは大変なことである。

しかし、現代であるからこそ、数多くの人々を教化《きょうけ》する機会が与えられているともいえる。

自分自身が何者《なにもの》であり、どこから来て、どこへ往《ゆ》くのかは、各人が本当に知るべきことであろう。

簡単に二回の説法で悟りとその周辺の話をしたが、悟りの話には実は終わりはない。

ただ折々に私自身の考えを述べておくことは重要であろう。

言論や出版の自由、信教の自由は本当に大切で、まことに有難《ありがた》いことかと思う。

この国が、いいところは残して、硬直している部分だけでも修復できるとまことに有難いと思っている。

二〇二〇年　十一月六日

幸福《こうふく》の科学《かがく》グループ創始者兼総裁《そうししゃけんそうさい》　大川隆法《おおかわりゅうほう》

悟りを開く　目次

第1章　悟《さと》りを開く①

――仏教が追い求めた悟りの輪郭《りんかく》――

二〇一九年八月十七日　説法《せっぽう》
幸福の科学 特別説法堂にて

第2章　悟りを開く②

——魂《たましい》・霊界《れいかい》・霊能力の真実——

二〇一九年九月六日　説法
幸福の科学 特別説法堂にて

2

5

霊能力のコントロールについて 157

第1章

悟《さと》りを開く①

――仏教が追い求めた悟りの輪郭《りんかく》――

二〇一九年八月十七日　説法《せっぽう》

幸福の科学　特別説法堂にて

1　「悟《さと》りを開く」とはどういうことなのか

聖なる力を宿している人からは「後光《ごこう》」が出ている

いろいろと思うところがあり、私は説法《せっぽう》を数多くしていますし、本もたくさん出していますが、拡散傾向《けいこう》にはあるので、「一部を取って全体が見えず」という方も多いのではないかと思っています。

また、三十数年間、幸福の科学を続けていく過程で、霊能力《れいのうりょく》などを持つような人も増えてきてはいますが、必ずしもよい方向にばかり行くとは限らず、悪い方向に行く人も出てきました。

そこで、できるだけ簡単に素朴《そぼく》なかたちで、誤解されないように、「悟《さと》りを開くとはどういうことなのか」ということを話してみたいと思います。

本法話《ほうわ》の題に①と付けたのは、一回で終わるとは思えないためです。言い残しは必ず出ると思うので、補完するものがあれば、あとで述べたいと考えています。

多くの宗教者も「悟り」を求めているのですが、特に仏教系は、「悟り」というものに対して敏感《びんかん》です。宗祖である釈尊《しゃくそん》が「悟り」を求めて出家《しゅっけ》し、苦行《くぎょう》などをして、降魔成道《ごうまじょうどう》を成して仏陀《ぶっだ》になったということになっているので、そういう傾向は強いでしょう。

キリスト教では、「悟り」という言葉はあまり使いません。ただ、「聖人」になったり、「天使」になったりするようなことはあり、それがかなり近いことなのではないかと思います。

キリスト教系の絵画《かいが》では、この世に生きている人が天上界《てんじょうかい》からの光を受けて聖なる力を宿したときには、頭の後ろに、お盆《ぼん》のような金色の「後光《ごこう》」が出ている様子がよく描《か》かれています。ある意味では、これは非常に正確で正直に描いてあると思います。

仏教のほうでも本当は後光が出ているのですが、それを知るのは仏像などを見るときぐらいでしょうか。仏像には必ず「光背《こうはい》」というものがあります。これは後ろ側にある光です。

説法時には、ちょうど私の後ろの壁面《へきめん》にも、光背に当たる部分がありましたが、このように、通常、仏像では必ず後ろに光が出ています。

歴代、仏教であれ、キリスト教であれ、あるいは道教なども、ある程度そうですが、「どういう感じになれば、その人が一定の悟りを得たと言えるか。神の僕《しもべ》として目覚めたと言えるか」を知っていますし、それに加えて、「そうした人は、この世の悪《あ》しきものを選《よ》り分ける力や、そういうものを払《はら》いのける力を得るようになる」ということを、みなさん知っているのだろうと思います。

金粉《きんぷん》現象や病気治癒《ちゆ》等の奇跡《きせき》は「悟りそのもの」とは違《ちが》う

映画では、宗教的な作品はあまり数がなく、ホラー映画のようなものが多いのですが、あれはほとんど、悟れなかった者の物語です。「この世に生まれて生き、この世を去り、悟っていない者たち」の物語なのです。

そうしたホラーのなかで、「悟りたる者が出てきて、悟っていない者を救う」というようなドラマをつくることは、非常に稀《まれ》であるように思います。

もちろん、幸福の科学のように、修行《しゅぎょう》を続けていくことになっている団体においては、霊の声が聞こえたり、霊の姿が視《み》えたり、金粉《きんぷん》が降ったり、病気が治ったりするようなことがよくあります。

ただ、それら自体は「悟りそのもの」とは違《ちが》うものです。「悟りに付随《ふずい》する現象」として幾《いく》つか用意されているものもあって、そういうものが出てくるわけです。

したがって、そうした現象が出てきたからといって、それで悟りが確定したわけではありません。祈《いの》り、祈願《きがん》等が効《き》いて奇跡《きせき》が起きることもありますし、何かに反応して金粉が出ることもあるのです。

あるいは、私の説法を聴《き》いて涙《なみだ》を流す人は数多くいます。そのときには光が入って、「涙を流す」という現象が起きてきているのだろうと思いますが、それがどのあたりまで続くかは、保証の限りではないわけです。そのようになっても、半年や一年もしないうちに、今度は〝逆のもの〟に支配されているようなこともよくあります。

そういう意味で、とても難しいものだと考えています。

悟りにも似たものがある「刀のたとえ」

「では、どのようにしたらよいか」ということですが、たとえて言えば、刀をつくることなどを想像してもよいと思うのです。

鋼《はがね》をつくるには、鉄を含《ふく》んだ石である鉄鉱石《てっこうせき》等を高い温度で熱しなければいけません。コークス等を使って、高温度で熱して、いったんドロドロに熔《と》かします。鉄は熔かすと、真《ま》っ赤《か》になり、液体状になります。

刀をつくる場合、液体状の鉄を一定の鋳型《いがた》に入れ、流し込《こ》んでいきます。その際、純度も問題となるため、一定の純度となるまで熱して液体にして、鋳型に入れて刀の形をつくります。そのとき、まだ刀は真っ赤に焼けている状態ではありますが、形ができてきます。このように、熱して熔かして、さらに、「これを鎚《つち》で打って形を整え、水に通してまた叩《たた》く」ということを繰《く》り返し、鍛《きた》え上げて、刀をつくっていくわけです。

悟りには、これとよく似たものがあると思います。刀というものを、単なる「人を斬《き》る道具」と考えるのではなくて、「この世を生きていく上での迷妄《めいもう》を断《た》ち切るためのもの」と考えれば、「刀のたとえ」を、〝ある種の悟り〟として理解することができると思います。

悟りに到《いた》る前、つまり刀をつくる前に、まずは刀の主成分となるものが要《い》るということです。鋼のもとになるものを取り集めなければなりません。そして、それを、そのままのかたちでは耐《た》えられないところまで高熱で熱し、液体にしなくてはいけませんし、その間に不純物を取り除いていかなくてはなりません。

さらに、悟りにはかたちがあります。（刀のたとえで言えば）そのかたちをかたどったもののなかに、熱した鉄を流し込みます。一定のかたちとなって冷めて固まってくると、それに、さらに叩きを入れて鍛え込まなければいけません。それを水に通してさらに鍛えます。火に通し、水に通し、鎚を通し、さらに磨《みが》きをかけていくと、だんだんに刀が出来上がってくるわけです。

それでも、「刀匠《とうしょう》が名工であるかどうか」によって、刀の出来もさまざまかと思います。一定の役に立つところまでの刀をつくれるようになる人は、ある程度つくれるかと思いますが、名のある刀匠のようになっていくのは、それほど簡単ではないのです。そういうことが言えるのではないかと思います。

ですから、まず最初は、「この世において、さまざまな迷いを断ち切っていくための刀」としての機能を持つところまで、自分自身を鍛え上げ、磨き上げなければならないわけですが、そのうちに、だんだんにいわゆる〝マスター〟になってくると、刀のつくり方まで教えて、同じようなものをつくれるようにしていかねばなりません。人を導けるようになっていかねばならないということになります。

比喩《ひゆ》から話は入っているのですが、想像していただくと、そういうことです。

2 「悟《さと》りとは何か」が分からなくなった現代社会

「悟り」と「勉強」には、どのような関係があるのか

私自身について書いているものも、幾《いく》つか出てきたりしてはいるのですが、「まだまだ他の人には書き切れない部分もあるのかなあ」と思ってはいます。それは、外側から見ても、実際には分からない部分があるからだと思うのです。

例えば、悟《さと》りというものを捉《とら》えて言うと、「勉強したら、悟れるか」といったら、それだけで悟れるわけではありません。逆に、「勉強しないで遊んでいたら、悟れるか」といったら、その場合も悟れるわけではありません。では、「適度に勉強して、適度に遊べば、悟れるか」といったら、そういう面も少しはあるかも

しれませんが、「それを悟りとは言えない」という面が出てきます。

というのも、勉強といっても、本や新聞、雑誌、テレビ、あるいは、耳で聴《き》くもの等いろいろありますし、それらは必要なものではあるのですが、パーセンテージ的に見れば、九割以上は無駄《むだ》なものです。

この世に出ているものには、現代に至れば、より昔の「智慧《ちえ》の書」から「知識の書」に変わり、「情報」に変わってきている面が多いと思います。コンピュータの発達によって情報量は非常に増えており、情報を取ることも容易にはなってきていますが、溢《あふ》れ返る情報について、不純物とそうでないものとを見分ける力を身につけるのは、そう簡単なことではありません。

宗教学や仏教学は〝ガラクタの山〟となっている

悟りに関係があるとすれば、「宗教学や仏教学は関係があるのだろう」と思う方も多いでしょう。確かに、宗教学や仏教学では、悟りに連《つら》なるような文献《ぶんけん》とか考えとか、話は数多く出てくるのですが、私の目から見るかぎりは、その大部分はすでに〝ガラクタの山〟となっています。

「ガラクタの分類学」というようなことを、それを書いている人たちも言っていることがあります。宗教学者や仏教学者であっても、「一生懸命《いっしょうけんめい》、何十年も勉強したけれども、もしかしたら、これは全部〝ガラクタの山〟ではないのか」というような疑問を持つことがあるそうです。

例えば、仏教であれば、二千五百年間に書かれたお経《きょう》がたくさんあるのですが、いろいろと読んでいるうちに、だんだんだんだん、「これは仏陀《ぶっだ》の真説《しんせつ》、本当の教えなのだろうか。そうではなく、後世、かき集められた情報や、いろいろな人が書き足したり創作したりしたものが、数多く入っているのではないか」という疑いが出てくるようです。

その疑いは、ある意味では正しくて、やはり何千年もの間、正しい教えがそのまま遺《のこ》るわけではありません。

現在ただいまであっても同様です。

私の説法《せっぽう》を生《なま》で観《み》たり、DVDで観たり、CDで聴いたりする方は多いのですが、同じ話であっても、「誰《だれ》もが同じように理解した」という保証はありません。その内容を直接聴いたとしても、理解には差がありますし、誤解も必ずあります。

さらには、そこから間接的に伝えていったら、どうなるでしょうか。伝言ゲームなら、二十人も通せば、〝正反対〟まで行ってしまうことがよくあります。同じように、「仏陀の悟りを伝えているものでも、正反対まで行っているものが現代には数多い」と考えてもよいと思います。

深遠《しんえん》な真理を同時代に理解できる人の数は少ない

それに加えて、問題をいっそう複雑にしているものは何かというと、現代社会は、二千年前や三千年前に比べ、はるかに数多くの専門技能や知識を要求する社会になっていて、そのための膨大《ぼうだい》な知識や情報を必要とし、それらを使いこなす人たちをも必要としているという事実です。

古代においては、哲学《てつがく》や宗教を説けるのはごく一部の人であり、お経や真理を伝えることは、非常に限られた、優《すぐ》れた人の役割であったわけですが、今は、そういうものが、いろいろな媒体《ばいたい》に載《の》せられたりして伝えられています。しかし、「どれが正しくて、どれが違《ちが》っているのか」が分からないわけです。

民主主義の原理においては、大勢が認めたものを「正しい」と考えるとしても、残念ながら、深遠《しんえん》な真理になると、分かる人の数が少なくなってくるのです。そのため、多数決の原理を根本《こんぽん》とする民主主義においては、残念ながら、深遠な真理が同時代で認められることは少ないのです。それは過去においてもそうです。ですから、同時代においては、少ない人しか理解できないことのほうが、むしろ多いし、〝逆に判定される〟ことも多いのです。五百年や千年以上たってから認められるものもありますが、その途中《とちゅう》で消えていくものも数多いと思います。

教えが伝えられる過程で生じたさまざまな問題

あるいは、キリスト教においては、キリスト教が伝えられていく過程で、この二千年間に、キリスト教系の流れを含《ふく》む、さまざまな宗教も起きていると思います。しかし、その大多数は、異端審問《いたんしんもん》、異端弾圧《だんあつ》を受けて消えていると思いますし、生き残ったものは、「キリスト教の解釈《かいしゃく》が違う宗派《しゅうは》」としてのみ生き残るようなかたちのほうが多いです。そのため、キリスト教では新宗教がなかなか起きにくく、起きたら、たいていは「異端」ということになっていると思います。

仏教のほうは、やや寛容性《かんよう》が高いので、いろいろなかたちでの伝え方がなされることも多いことは多いのですが、もちろん、過去に宗派間での争いもあったことは事実です。

あるいは、イスラム教のような教えも、「神の声を直接に聴いた」（「あるいは大天使ガブリエルを経由して聴いた」）ということになっており、それをそのまま現代まで引き継《つ》ぐかたちになっているので、イスラムも原理主義系統の人が問題で、過激派が多いということになっています。

「原理主義」とは、説かれた当時の教えを、現代でもできるだけそのまま厳格に守ろうとする考え方ですが、時代がたつにつれて、ずれ方が激しくなってくるので、当初の教えを現在でも維持《いじ》しようとすると、生活や行動規範《きはん》の面で、どうしても、いろいろと支障が出てくるようになります。

それでも、「神の教えだから、変えられない」として突《つ》っ張ると、紛争《ふんそう》が起きたり戦争が起きたりすることもありますし、そこまで行かないとしても、やはり問題が生じます。

イスラム教においては、『コーラン』という、神の教えが霊言《れいげん》形式で伝わっているものや、あるいは、ムハンマドの言行録等を記《しる》した『ハディース』というお経（戒律《かいりつ》）に当たるようなものがあります。

ただ、これらには、その当時の生活習慣やものの考え方、価値観も当然入っています。しかも、イスラム教には、キリスト教やユダヤ教のよさが入っていますし、それ以外にペルシャの宗教の流れも入っているので、イスラム教は完全にオリジナルというわけではありません。また、敵から攻撃《こうげき》を受けて変節した部分もあるかと思います。なかなか難しいのです。

便利なツールが増えても、「真実」は分かりにくくなっている

「世の中が変わっていくのなら、神は、そのときの教えや考えを、アップ・トゥ・デイトに地上に伝えたらいいではないか」という考えもあります。

しかし、一つの教えが降りて、それが広まるには時間がかかります。広がるまでには、やはり何百年、あるいは千年単位の時間がかかるようになっているのです。

現在、パソコン等を使って、毎日自分の考えを発信している人がたくさんいるのですが、例えば、そのようなかたちで、神の教えが毎日発信され続けると、今度はそれなりに、広がりにおいて難しさが出てくるだろうと思います。

また、「どういう思いを、誰に対して発しているのか」ということが、すべての人に同じようには伝わらないこともあるかと思います。

現代においては、神の言葉が何百万人もの人に伝わるのは非常に難しいことなのですが、有名人とか、そういうような方が毎日の日記代わりに自分のつぶやきをいろいろと発信すると、何十万、何百万の人がフォロワーとしてそれを読んでいるようなこともあります。

ただ、そのなかには、やはり真理というものは極《きわ》めて少ないだろうと思います。それは〝日記〟であり、そこには、「今日は何があった。こんな人と会った。こういうことをした」などという日常的な情報が多いのです。逆に、政治や宗教的なものになってくると、あまり拡散すると反対する者が多くなってきて危険になるというようなこともあろうかと思います。

ですから、ツールとしては便利なものが増えているのですが、かえって「真実」のものが分からないようになり、混乱を助長する面もあるかと思います。

テレビ局や新聞社などは、ある程度、取材を重ねたもののなかから、記者や経営陣《じん》を通して情報を多少洗練《せんれん》させた上で、多くの読者や視聴者《しちょうしゃ》に届けてはいるのでしょう。

ただ、それでも、こうしたものは神の教えではありません。記者の主観もあれば、あるいは「同業他社が伝えているものについては同じく伝える」という傾向《けいこう》も強いので、似たような情報を伝えているのみになることがあると思います。そして、「特に大事なこと」については、伝えていないことのほうが本当は多いのではないかと思います。

失言を恐《おそ》れる政治家等の言葉は「悟りの言葉」とはほど遠い

また、発信したものが大勢の人に伝えられることによって、すぐに責任を追及《ついきゅう》されることもあるために、そうしたテレビや新聞、雑誌、インターネット等を通して発信した情報に責任が生じる場合があります。そこで、発信する人も、その部分を防御《ぼうぎょ》・防衛するために、極めて、「言葉尻《じり》を取られないような言葉」を選んで使うようになっていく傾向もあります。

例えば、政治家の言葉には、ほとんどそういう傾向がありますし、何時間もかけて国会中継《ちゅうけい》等がなされても、「質問」と「答え」は禅問答《ぜんもんどう》のようで、噛《か》み合っていないことが多いです。「真実」を伝えるよりも、責任を問われないことのほうが大事ということなのでしょう。

そのため、野党の側は、厳しく追及している姿勢を見せれば、選挙民から支持を受ける可能性が高いので、そういう姿勢を見せます。一方、与党《よとう》のほうは、「それを防ぎ切れば失点が出ないということで、現状維持ができる」というようなかたちになっていて、生で中継したとしても、真実のほどはさっぱり分かりません。

また、公式会見等を観ても、ほとんど、悪口を書かれないように、言われないようにするための言葉ばかり出ていて、ある意味では、「悟りの言葉」とはほど遠いのかなと思います。

そのように、「どうすれば責任を追及されないか」というようなことを中心に原稿《げんこう》が書かれ、語られているように思います。たとえ、何万語を費《つい》やして、説法、あるいは演説をしても、一行の失言で責任を問われることのほうが怖《こわ》いということになっていると思うのです。

そういうかたちでは、マスコミを通じた民主主義といっても、必ずしも「真実のものが現れてくる」とは言えないところがあるのではないかと感じます。

二〇一九年の終戦記念日には、終戦記念日での、地位ある人のお言葉等を聞きましたが、例えば、天皇陛下《へいか》のお言葉を聞いても、テレビでは、「深い反省の上に立って」というような言葉が〝切り取られ〟て、よく流れていました。

しかし、「深い反省の上に立って」の主語がないのです。「これは、誰が深い反省の上に立って、いろいろなことを希望したり望んだりしているのか」、その主語がないので分かりません。また、総理大臣が言っていることを見ても、捉《とら》えどころのない言葉ばかりを使っています。

だいたい、そのようなことになっているので、真実を述べるというのは、極めて難しいことなのだと思います。

3　奇跡《きせき》や威神力《いじんりき》を信じられるか

釈尊《しゃくそん》やイエスを唯物《ゆいぶつ》的、民主主義的に捉《とら》えようとしている現代

私などは、かなりはっきりと言っているほうではあるでしょう。ただ、聞く人が多くなったりすると、それなりに、いろいろな人たちにも配慮《はいりょ》しなければいけないことが多くなります。そのため、いろいろな考えの人がいるだろうと思って、そうした人たちに配慮しながら話をすると、「本心のところが、なかなか分かりにくい」というところもあるかもしれません。

幸福の科学に集《つど》っている人でも、すべての人が同じ考え方を持っているわけではありません。したがって、自分の好きなところだけを取って信じている人も、

数多くいるのではないかと思います。

そこで、そうした情報氾濫《はんらん》社会のなかにおいて、どうしても伝えておかなければならないことを、まずは早めに、簡単に幾《いく》つか述べておこうと思います。

多くの仏教学者には、お経《きょう》や「釈迦伝《しゃかでん》」等、いろいろなものを読んでも、それを象徴《しょうちょう》的に比喩《ひゆ》的に捉《とら》えようとする傾向《けいこう》が強くあります。「それが、そのままの現実であるなら、迷信《めいしん》を信じているようで恥《は》ずかしい」という気持ちが、おそらくあるのでしょう。

今から数百年前ぐらいのことであっても、今読むと、そうとう奇妙奇天烈《きみょうきてれつ》なことがたくさん書かれていますので、二千年前、三千年前のことになると、さらに、そう感じられることには、しかたのない面もあるだろうと思います。

仏教徒もそうだし、キリスト教徒もそうですが、いわゆる「奇跡譚《きせきたん》」などは、そうした比喩や象徴で済ませてしまうこともあります。

そのため、偉《えら》い仏教学者のなかにも、釈迦の説法《せっぽう》とされているもののなかの、「あの世」や「天上界《てんじょうかい》」「地獄界《じごくかい》」を説いたものについて、「こういうものは、子供騙《だま》しの方便《ほうべん》であり、人々を善導するための方便としてつくられた昔話というか、フィクションなのだ」というように捉えて、自分を安心させているような人はいるようです。

特に戦後は、先の大戦の敗戦によって、宗教への信仰心《しんこうしん》が崩《くず》れた面があるので、釈尊《しゃくそん》についても、イエスについても、できるだけ人間的に捉えようとする傾向は強くなっています。

そうなると、いきおいその教えは、「道徳的な範囲《はんい》内、受け入れられる範囲内での言葉」というかたちになってきて、「奇跡や霊能力《れいのうりょく》的なものを取り去った、残りのもののなかにだけ真実のものがある」という考え方がされることも多いです。そのように、唯物《ゆいぶつ》的なものの見方が進んでいるわけです。

また、それと同時に、民主主義的な考え方も出てきており、「釈迦もキリストも、普通《ふつう》の人と変わらないのだ」というような考え方から物事を捉えようとする傾向もあると思います。

「人間・釈迦《しゃか》」を強調して無間地獄《むけんじごく》に行ってしまった中村元《なかむらはじめ》氏

もちろん、流れとしては、そういうものもあるでしょう。それは理解できないわけではありません。ただ、そうしたことを説いた大学者たちは、死後、天上界に還《かえ》れずに、私たちが「無間地獄《むけんじごく》」と言っている、思想的に多くの人を迷わせた人が行く地獄に行っているのです。

それを見るにつけても、そのような大学者たちが、この世的に犯罪を犯《おか》したり、人間的に極《きわ》めていびつな生き方をしていたとは思いにくいし、むしろ勤勉に勉強して、勤勉に本を書いたり、全集を書いたりしていただろうと思われるので、

「その思想の間違《まちが》いに対して、厳しい判定が下っている」と言って間違いないということです。

例えば、仏教であれば中村元《なかむらはじめ》博士などは世界的な権威《けんい》とされており、私が幸福の科学を始めたころにはまだ健在で本を書いておられました。仏教についてある程度の碩学《せきがく》であり、語学の天才でもあって、いろいろな文献《ぶんけん》を平易な日本語に訳し、分かりやすく書いて、それを広げたかのようにも見えてはいたのです。

その先生の宇井伯寿《ういはくじゅ》氏も東大教授だった方ですけれども、全集を書いています。この方は、もう亡《な》くなった方ですが、その全集を読もうとしたら、無間地獄から出てきたのです。それで、「うわーっ」という感じになって、とてもではありませんが読めませんでした。

そのため、「その教え子で後を継《つ》いだ人が正しく仏法《ぶっぽう》を説けているのだろうか」という疑問もあったことはあったのですが、中村元氏が生きているときには、

「それらしいことは言っているから、勉強になるのかな」と思って、私は本を読んでいたこともあったのです。しかし、亡くなったあとは、やはり天上界に還っていないことを知り、私もちょっと愕然《がくぜん》とするものがありました。

やはり、仏教の教えは、そうした著作を通さないとなかなか知ることはできません。しかも、それを伝えている人は、人間的に悪人ではないどころか、勤勉に勉強をして、勤勉に作品も書き、授業もされた方だったのです。

それなのに、そうした方が天上界に還れずにいるわけです。それも、普通の不《ふ》成仏《じょうぶつ》霊のように漂《ただよ》っているのではなく、明確に、思想的に間違った人が行く無間地獄に行っているのを見て、「いったい何が間違っていたのだろうか」と驚《おどろ》きながら感じた次第《しだい》です。

戦後は唯物論的な共産主義も流行《はや》りましたが、おそらく、中村元さんの解釈《かいしゃく》は、今述べたような戦後の唯物論と民主主義の流れのなかで、「人間・釈迦《しゃか》」的なことを強く打ち出したもので、仏陀《ぶっだ》の言葉も、カタカナ、ひらがな交《ま》じりの普通の会話のように、ずいぶん訳しておられました。

仏陀《ぶっだ》の威神力を信じていた渡辺照宏《わたなべしょうこう》氏は、天上界に還《かえ》っている

これに対して、渡辺照宏《わたなべしょうこう》博士等は、生前から批判はしておられました。「仏陀《ぶっだ》の言葉というのは、それなりの響《ひび》きを持った言葉として伝えなければならないのであって、翻訳《ほんやく》機械が訳したように、ツルツルの言葉で翻訳してはいけないのだ」というようなことを言っておられたのです。

また、「さまざまな神秘現象や霊的な奇跡等も仏典《ぶってん》には書かれているけれども、こういうものを、単なる伝承《でんしょう》・伝説、比喩として捉えるのは間違いだ。現代では起こりえないようなことを書いてあるように見えるかもしれないが、そのなかから本当の意味を汲《く》み取って、真実に向かわねばならないのだ」というようなこと

を述べておられたと思います。

著書としては、はるかに、渡辺照宏博士のほうが少ないのですが、渡辺照宏博士は、ちゃんと天上界に還《かえ》っています。しかし、大量の文献を遺《のこ》した中村元さんのほうは、天上界に還っていないのです。これを見て、「内容的に要約すれば似たようなことを言っていても、かなり違うのだな」ということは分かりました。

当時、仏教学者たちのなかには、「仏陀」を「ブッダ」とカタカナで書くだけでも、けっこう反発していた人は多かったのですが、渡辺照宏先生等は、「『佛陀《ぶつだ》』という旧《ふる》い漢字を書かないと、なかなか、その権威が伝わってこない」というようなことまで言っておられました。

書いてある事実や教えの内容には、似たようなところ

『地獄に堕ちた場合の心得』（幸福の科学出版刊）

『仏教学から観た「幸福の科学」分析』（幸福の科学出版刊）

はあるのですが、本人が信じているかどうかによって、やはり、そうとう違うものはあったのだなと思います。

ですから、そういう仏陀の「威神力《いじんりき》」というか、「神秘力」、「さまざまな霊的な現象を起こしたこと」等を本心から否定しておりながら、その周辺を伝えて書くだけというのであれば、「それは間違いを含《ふく》んでいる」という判定が出るわけです。

幸福の科学でも、現在さまざまな「神秘現象」は起きている

私たち幸福の科学が、今、現在進行形で教えを説いて活動していても、いろいろな現象は起き、神秘現象はたくさん起きています。ですから、「現代科学では」とか、「現代医学では」というような条件を付けて言えば、みな、ありえないことばかりがたくさん出てきていると思うのです。

例えば、「ガンや腫瘍《しゅよう》のような塊《かたまり》が祈願《きがん》しただけで消える」とか、「説法を聴《き》いただけで消える」とかいうと、「そんなことは医学的にはありえない」とか、「科学的にもありえない」とか、「唯物論的にもありえない」というようなことになるわけですが、現実にそういうことが起き続けています。

また、「金粉《きんぷん》のようなものは、小さなものだから、手品師が紛《まぎ》れ込《こ》めば、いくらでも取り出せるだろう。胸や帽子《ぼうし》から鳩《はと》を取り出したり、花を取り出したり、いろいろなことができる手品師がいるぐらいだから、金粉ぐらい、忍《しの》ばせておいて撒《ま》くぐらい簡単だろう」と思う人も、おそらくはいるでしょう。

しかし、そういうものは、現実に思わず知らず、いろいろなところで出てきています。実際、金粉は、子供を対象にやっている行事で出たこともあるし、子供の体から浮《う》き出たり、頭の毛のなかから出てきたりしたこともあります。

したがって、必ずしも詐欺師《さぎし》がやっていることではないと思います。そのような現象は、たくさん起きているのです。

それは、今起きていることなのですから、もっともっと信仰深い人たちが多かった昔の時代には、いろいろな現象がたくさん起きたことでしょう。そうしたことは、大いにありえることだろうと思います。

キリスト教では「奇跡《きせき》」が否定されがち

キリスト教においても、『聖書《せいしょ》』に奇跡《きせき》は幾つか書かれています。しかし、曽《そ》野《の》綾子《あやこ》さんのように、九十年近く、八十数年生きて、「キリスト教作家」ともいわれているような人でも、ほとんど奇跡は信じていないようで、イエスの周辺の風景を書き続けているようなことが多いように思います。〝風景〟までしか書けないということでしょうか。奇跡のところについては、「この世的に合理的な理由をつけるか、スキップするか」ということが起きているようです。

もちろん、奇跡や、そうした霊的現象そのものが「悟《さと》り」ではありませんが、悟りに付随《ふずい》して起きてくることが多いものではあります。

そうした奇跡そのものは、もっと小さな教団、信者百人とか三百人というような小さな町の宗教あたりでも起きてはいます。現実には、いろいろな奇跡は起きているので、そういうところには数多くあると思います。

一方、大教団になると、だんだんに組織も大きくなってきて、そうした奇跡が起きにくくなってくるのが普通は普通です。運営も合理化されてきますし、ものの考え方も一般《いっぱん》的な組織で働く人と同じような考え方が蔓延《まんえん》してくるので、比較《ひかく》的、奇跡は起きにくくはなってくるものです。

また、組織において、上下がたくさんできてくるので、上の者がそうした奇跡を起こせない場合には、下の者が起こすことを否定し始めます。

キリスト教においても、だいたいそうです。法王は、ずいぶん続いていますが、どちらかといえば、政治家に近いような方が多いと思うのです。

ある程度まで出家《しゅっけ》した方が選挙で選ばれてローマ法王になっていますが、ローマ法王で、「自分で奇跡を起こしたり、病気を治したりした」という人は、ほとんど聞いたことがありません。キリスト教界のトップとして、イエスに祈《いの》ったり、神に祈ったりしているのかもしれませんが、おそらく、神の声は聞こえないでしょう。

もちろん、キリスト教にまつわるところで、歴史的に新しい宗派《しゅうは》のなかに、奇跡が起きたものはあります。本来は、そういう人たちが、キリスト教を高める立場にあるものなのでしょう。

しかし、彼らは、どちらかといえば、監視《かんし》対象団体になったり、異端《いたん》になったりしていることのほうが多いように思います。

「転生輪廻《てんしょうりんね》」や「哲学《てつがく》的真理」は科学的に証明できるのか

例えば、私たちにとっては当然な「転生輪廻《てんしょうりんね》」的なこと、「過去、地上に肉体を持った人間が魂《たましい》として天上界に還り、また、この世に生まれ変わってくる」というような現象は、繰《く》り返し繰り返し出てきていますので、そうしたことが起きていると思うしかありません。

ところが、それを、「科学的に証明してください」と言われても、「どのようなかたちで証明すれば科学的なのか」、こちらも分からないところはあります。

もし、「科学的に」という言葉を、「繰り返し、同じようなことを起こせる」ということで言うなら、「生まれ変わりの神秘」を告げる現象は、確かに、繰り返し繰り返し出てきています。

しかし、それを、「全員ができるようにならなければ科学的ではない」と言うのなら、残念ながら、そうはならないとは思いますけれども、やはり、これは、その事柄《ことがら》の性質によって違うものはあるのではないかと思います。

いくら、「誰《だれ》がやっても、みな同じようになるのが科学的だ」と言われても、そうであるとすると、「〝艦隊《かんたい》〟は、護送船団方式で、〝いちばん足の遅《おそ》い船〟に合わせて進まねばならない」ということになるので、「すべての人に起こせなければ本物ではない」という理屈《りくつ》でもっては、それが真実であることの証明にはならないと思うのです。

哲学《てつがく》をもってしても、「もし、ソクラテスが説いたことが真理であるなら、すべての人が同じことを説けなければいけないというのが、科学的真理だ」と言うのであれば、それはできないでしょう。やはり、そうした人は一人しかいないからこそ、それが初めての哲学者になるわけです。

4　仏教に見る「悟《さと》りの継承《けいしょう》の難しさ」

以心伝心《いしんでんしん》で悟りは伝わるか

仏陀《ぶっだ》以下にも、「悟《さと》りを開いた」と言う人は、たくさんいるでしょう。仏陀死後の、涅槃《ねはん》に入ったあとの「仏典結集《ぶってんけつじゅう》」にも、五百人もの弟子《でし》が集まったといわれています。

そこは、「七葉窟《しちようくつ》」という洞窟《どうくつ》で、私も見てきたことはありますが、狭《せま》い洞窟で五百人も入れるかどうかはやや疑問に思うぐらいの所でした。

仮に入ったとしても、その五百人が、みな五百羅漢《ごひゃくらかん》で、霊道《れいどう》を開いて後光《ごこう》が出ているような状態になっていたというのは、にわかに信じがたいことではありますが、仏典を結集したこと自体は、おそらく事実でしょう。ただ、「彼らの悟りが仏陀の悟りと同じだった」というのは、とうてい信じがたい内容だと思います。仏教では、親子での「悟りの継承《けいしょう》」はなされていません。仏陀にも、「羅睺羅《らごら》」という子供が一人いましたが、仏陀より先に亡《な》くなっています。そういう意味では、血縁《けつえん》で期待されたこともあったけれども、後は継《つ》げてはいません。

公式には、仏典結集のときのリーダーになった迦葉尊者《かしょうそんじゃ》、マハーカーシャパ（摩訶迦葉《まかかしょう》）が「二代目」ということになっているだろうとは思うのです。

これを禅宗《ぜんしゅう》的に捉《とら》えると、仏陀が摩訶迦葉に悟りを伝えた際に、禅の公案《こうあん》によれば「拈華微笑《ねんげみしょう》」ということがあったと説かれています。

これは『無門関《むもんかん》』やその他のものにも載《の》っていると思うのですが、「仏陀が悟りを伝えるのに、華《はな》を手に持って拈《ひね》ってみせた。ほかの弟子たちは誰《だれ》もその意味が分からなかったのに、摩訶迦葉はそれを見てニコッと笑った。それで、それを見て意味が分かったということで、仏陀もニコッと笑った。これで以心伝心《いしんでんしん》で悟りが伝わった」と考えるのが禅宗です。

ただ、仏陀は、八万四千《はちまんしせん》の法門《ほうもん》を説いたと言われているのに、「華をねじっただけで、それを見て意図が分かったのか」「笑っただけで、仏陀の法門が伝わったのか」と言われると、これにはかなり厳しいものがあります。もし、そうだと言うなら、「八万四千の法門は、一瞬《いっしゅん》にして蒸発したにも等しい」と言えると思うのです。

ともあれ、「他の弟子には伝わらなかったのに、迦葉尊者だけは分かった」「仏陀が蓮《はす》の華を茎《くき》から手に持って拈ってみせたところ、迦葉が笑い、仏陀も笑って、以心伝心でそれが伝わった」というわけです。

これについては、いろいろな取り方はあろうと思います。しかし、「仏陀が何を伝えたかったのか」を言葉で述べていないため、内容については分かりません。

また、「迦葉尊者がそれをどう理解したのか」も、言葉では伝わっていないため、分かりません。

そういったものが、禅問答のようなかたちで、どんどん伝わっていくわけです。禅は「悟り」というものを、いちばん強く打ち出しているようには思うのですが、やはり、だんだん分からなくなっていっているのは間違《まちが》いありません。

道元《どうげん》が入宋《にっそう》して習ったことは何だったのか

道元《どうげん》なども、中国に留学し、帰ってきて、「不立文字《ふりゅうもんじ》」「文字を立てず、文字で書かない」などと言いつつも、著書を非常に多く書いているほうです。しかも、『正法眼蔵《しょうぼうげんぞう》』は、ものすごい大著に相当し、西洋の学者などから見たら、「ハイデッガーに匹敵《ひってき》する」とまで言われたりもしているのです。

ところが、読んでみると、中国で習ったこと、入宋《にっそう》して習ったことは、ほとんど礼儀作法《れいぎさほう》なのです。「中国では、どのように、禅の修行《しゅぎょう》をしている人たちがやっているのか」という礼儀作法について、坐《すわ》り方から、お茶のたて方、袈裟衣《けさごろも》の扱《あつか》い方、あるいは、「坐禅《ざぜん》で眠《ねむ》ってはいけない」というようなことなどを、いろいろとたくさん書いています。

もちろん、語学的な壁《かべ》もあったのでしょう。最初に道元が聞いて、「悟った」と思ったような言葉は、実は本当の僧侶《そうりょ》ではなく、お寺にお仕えしてご飯《はん》をつくっている人の言葉でした。港に来て仕入れをしてご飯をつくっていた老僧で年は取っていましたが、そうした賄《まかな》いをやっている人に、入宋して会い、その人から話を聞いたあたりが「悟り」の始まりになっています。

道元は、その人に、「あなたのようないい年になったら、普通《ふつう》は高僧になっているはずなのに、なぜ、そんなことをしているのだ」というようなことを訊《き》きました。

その人は、言いにくいのですが、宗務《しゅうむ》本部で言えば、庶務《しょむ》の仕事をしている人です。そのため、何をしていたかというと、要するに、食用にし、保存食にするために椎茸《しいたけ》を筵《むしろ》の上に干して乾《かわ》かし、それを取り込《こ》んだり、いろいろな食料の管理をするために仕入れたり、それを保存食にしたりするような仕事をしていたわけです。

そのような人に対して、道元は、「なぜ、あなたは年を取っているのに、いまだにそんな仕事をしているのか。そんなことをしないで、説法《せっぽう》するべきではないか」、あるいは、「今、日中で暑いのに、こんな暑いなかで干さなくてもよいではないか。日が暮れて、涼《すず》しくなってからやればよいだろうが」というようなことを訊いています。

それに対して、その人は、「今でなかったら、いったい、いつ、それをするというのか」というようなことを答えたので、道元はそれを深く取りました。ここが「ハイデッガーのようだ」と言われているところですが、道元は、それを聞いて、「今、この自分が、ここにある」ということの意味を感じ取ったらしいのです。

「悟りの内容」はなかなか伝えられるものではない

向こうとしては、通常の日本語に訳せば、おそらく、「日中にこれをやらないと、夜にはまた別の仕事があるから」と言っているだけだと推定されます。

ところが、「年を取っているのだから、暑いなかやらなくてもいいじゃないか」と言ったのに対して、「今やらなくて、いつやるか！」と返され、「おお！ それこそが修行だ」と思った道元は、これをものすごく貴重な教えとして日本に持って帰ったわけです。

また、「あなたのような年を取った方が、なぜ、そんなことをするのか」ということを言ったら、「修行には終わりがない」といった感じのことを言われているので、こうしたことで深く悟ったように書いてはあります。

これで言うと、「外国人が、幸福の科学の庶務で、庭の掃《は》き掃除《そうじ》をしている人に、『悟りとは何ですか』と訊いたら、『箒《ほうき》を持って、落ち葉を片付けることだ』と言われた。外国人は、『なるほど、そういうことでしたか！　分かりました』と言って帰った」という感じでしょうか。

あるいは、「外国人が聖地エル・カンターレ生誕館に来て、作務《さむ》をしている人を見て、作務をした。雑巾《ぞうきん》がけをしている人に、『悟りとは何ですか』と訊くと、『雑巾がけですよ。七・七メートルの大川隆法の仏像だって、放っておけば埃《ほこり》がかかるので、これを磨《みが》くことが大事なのです』と言われた。外国人は、『それが悟りだったんですか。分かりました。ニューヨークへ帰って伝えます』と言った」とか、例えば、このような状態です。

また、「裏方に回って、ご飯の準備をしている人に、『なぜ、こんなことをするんですか』と訊くと、『毎日毎日の自分の仕事を、己《おのれ》の分を、確実に果たしていくことこそ、大事な修行なのだ。一日一生《いちにちいっしょう》』と言われた。外国人は、『はあ、そのとおりだ』と思って帰った」ということかもしれません。

このように、「悟りの内容」というのは、なかなか伝えられるものではないのです。

そういうわけで、留学した道元は、一部を見て帰ってきてはいるものの、「中心部分」にまではなかなか食い込めてはいません。「楊枝《ようじ》の使い方」や「トイレの使い方」などまで細《こま》かく定めていて、要するに、式次第《しきしだい》、作法のことを言っているので、華道《かどう》とか茶道《さどう》とかと同じ分類に近いあたりがあるのも、この禅宗です。そういうものが伝わっていますが、道元が向こうで体験したことも入っているわけです。

例えば、「アメリカでは、スープを飲むときに、音を立てて飲んではならない」とか、「でも、ラーメンを食べるときには、音を立てないと、『不味《まず》い』と感じられるから、音を立てなければいけない」とかいった類《たぐい》のことでしょう。そういう、異国で学んだことを伝えているようなことが多く、学者的な頭脳と現地で体験した作法的なことを伝えているように思います。

「仏教的悟り」とはほとんど関係がない「一休《いっきゅう》とんち話」

あるいは、日本の歴史のなかで言えば、例えば、一休禅師《いっきゅうぜんじ》なども「一休とんち話」で有名ですけれども、それを悟ったかのように伝えられてはいます。

「一休とんち話」のマンガやアニメ自体は面白《おもしろ》いものだとは思うので、私は、それが一概《いちがい》に有害だとは必ずしも言いません。しかし、それは、「悟り」とは、やはり違うものです。とんちを効《き》かせることを悟りと感じているのでしょう。

例えば、「一休とんち話」のなかには、将軍から、「屏風《びょうぶ》に虎《とら》の絵が描《か》いてある。一休、おまえなら何でもできるだろう。この虎を縛《しば》ってみよ」と言われた一休さんが、「分かりました！」と答えて、縄《なわ》を用意し、虎を縛る準備をして、「虎を縛る準備はできましたから、どうか屏風のなかから虎を追い出してください」と返し、将軍が参《まい》ってしまった話があります。

「虎を追い出せない以上、縛れない」というわけです。「それで将軍が一本取られて、参った」ということを、悟りであるように言っています。

こういったことは、「とんち」としてはよいと思うし、「ディベート術」でもあろうとは思うのですが、「悟り」ではないでしょう。「どうやって言い返すか」だけです。

禅宗のなかには、そういうものもあります。

あるいは、一休さんを困らせようとして、用事があるところにある丸い橋に、

「このはしわたるべからず」という立て札《ふだ》を立てていたけれども、一休さんは堂々とこれを渡《わた》りました。「なぜ、あの立て札があるのに渡ったのか」と訊くと、一休さんは、「『このはし（端）わたるべからず』と書いてあるから、真ん中を渡りました」と答えて、一本取ったということで、これが悟りということになっているわけです。

ただ、これが、「仏教的悟り」と関係があるかといえば、ほとんどありません。確かに、仏陀の生涯《しょうがい》のなかの一部に、そういう面がなかったかといえば、一部あったことはあります。「ディベート術」や「切り返し」などがうまかったのはそのとおりであり、そういう面を、禅宗が一部引いていることは事実なのでしょうが、やはり「悟りそのもの」ではありません。

アングリマーラの例に見る「仏陀《ぶっだ》の一喝《いっかつ》」の力

例えば、禅宗に見えるものとしては、子供用の本も出ていますけれども、「アングリマーラ」の話も出てきています。百人を殺したとも、千人を殺したともいわれる大悪党の話です。

アングリマーラが、その最後の一人を殺そうと思って、自分の母親を殺《あや》めようとしているのを見て、仏陀《ぶっだ》がそれを救うために、アングリマーラの前に出てきます。

アングリマーラは仏陀が出てきたら、「よし、千人目（あるいは百人目）に殺すのは仏陀にしよう」と思って、襲《おそ》おうとするのですが、自分が進むと、仏陀も、まるで地の上に浮《う》いているように、スーッと進んでいきます。

『アングリマーラ　罪と許しの物語』（大川紫央著、幸福の科学出版刊）

追いかけても、スーッと逃《に》げ水のように進むのです。

そして、アングリマーラのほうが、仏陀に対して、「こら、動くな！」と言うのですが、そう言われると、仏陀はクルッと振《ふ》り返って、「私は動いていない。動いているのはおまえのほうだ！」という言葉を返します。

そこで、アングリマーラは、〝あんぐり〟と口を開けてしまって、何を言われたのか一瞬分からず、ポカンとしてしまいました。

この言葉には、もちろん意味があったのです。仏陀が歩いていたのは間違いありません。だから、追いつけなかったのでしょうが、「私は動いていない。動いているのはおまえのほうだ」と言ったのは、これは、「おまえの心は波立っていて、決してとどまることはない。いつも動き続けている。しかし、私の心は凪《な》いでいて、湖面のように澄《す》んでいる」ということです。「私には、何の迷いもなく、何の動揺《どうよう》もない。しかし、おまえは動き続けている」ということを、そういうかたちで言ったわけです。

アングリマーラは、その時点で、意味が分かったわけではなかろうけれども、「悟りを開いた、道力《どうりき》を持っている人の一喝《いっかつ》」というのは力があるもので、その一喝で、頭をパカッと割られたような状態になりました。そして、ナイフを投げ捨てて、仏陀に帰依《きえ》してしまうわけです。それで、頭を剃《そ》って仏陀教団に入ってしまうといったことがありました。

このような一喝を与《あた》えることはあったので、そうした一喝の面を捉えたら、そういうようなことも言えるとは思います。

あるいは、拝火《はいか》教徒などを諭《さと》すときにも、「おまえの神通力《じんつうりき》で、この火を消してみよ」というようなことを言われることもあるわけで、仏陀はこの火を「心のなかで燃えている怒《いか》りの炎《ほのお》」という意味に捉えて、〝逆襲《ぎゃくしゅう》〟することもありました。「燃えているのは、おまえの心のほうだ。憎悪《ぞうお》、嫉妬《しっと》の心で燃えて、炎が燃えて燃えて消えないでいる。私の心は燃えていない」といったような話をしたこともありますから、禅宗的なものがないとは言えないでしょう。

仏教では、相手を悟らせるための方便《ほうべん》として、鋭《するど》い切り口で返すこともあるので、それは仏教の一端《いったん》を示していることはあるけれども、たいていの場合、残念ながら、戯言《ざれごと》になってしまっていることのほうが多いように思います。

そのように、仏教では、言葉によって相手を教化《きょうけ》する面もあるので、その仏陀の教えのなかにも悟りがあると見るべきだとは思います。

ただ、それが全部、仏陀の教えかどうか分からない部分があるために、そのへんの教相判釈《きょうそうはんじゃく》はなかなか難しいということです。

5 仏教の修行《しゅぎょう》を通して求める「境地」とは

仏教を唯物論《ゆいぶつろん》的に解釈《かいしゃく》した後世の弟子《でし》たちの誤り

ただ、「悟《さと》りを開く」の第一回の話として、これだけは言っておかねばならないのは、次のようなことです。

比較《ひかく》的早い段階で、すなわち、仏陀《ぶっだ》が亡《な》くなって百年から二百年ぐらいのときには、すでに、仏教の教えを哲学《てつがく》的に捉《とら》え、唯物論《ゆいぶつろん》的解釈《かいしゃく》をし始める人たちが出始めてはいました。

仏陀が生きているときであれば、いろいろな神秘現象等も見ていただろうと思う弟子《でし》たちが、仏陀がいなくなったあとは、そういうものを信じられなくなって、哲学的に解釈して、抽象《ちゅうしょう》的な言葉や唯物論的な解釈になっているものがそうとう出てきています。

こういう人たちは、哲学的で学者になるような方ですから、頭のよい人なのでしょうが、要するに、分からないので、いろいろと議論ばかりしているうちに、議論がすごく緻密《ちみつ》になっていったわけです。その緻密な議論を覚えて、伝えていくうちに、だんだん分からなくなっていっているものは、すでに出てきていたのです。

特に、「説一切有部《せついっさいうぶ》」というところにそういう傾向《けいこう》は強いのですが、現在まで遺《のこ》っている仏教において、無神論・唯物論に近い教えに解釈している人が多いのは、このあたりから出ているからです。二千数百年も前に、すでに現代の誤りに当たるものは出ているということです。「人は、自分が体験していないものは信じられない」ということであろうと思います。そのため、仏陀の教えも、すごく哲学的に理解しようとしていきます。

仏典《ぶってん》を読めば、仏陀は神々よりも高い悟りを得たことが書いてあるのですが、それを、いわゆる「無神論」のように捉えてしまう人もいるわけです。

お経《きょう》のなかには、インドの最高神といわれた人たちよりも上の悟りを得たということで、天上界《てんじょうかい》にいる、そうした高級神霊《しんれい》、過去のバラモン教で伝えられている神々が、仏陀に教えを乞《こ》うシーンがたくさん出てきます。そして、仏陀の説法《せっぽう》を聴《き》いてたいへん感激し、「右繞《うにょう》」といって、右回りのことですけれども、仏陀の周りを右回りに三回、回って、合掌《がっしょう》して去っていくシーンが、お経によく書かれているのです。

これは、私も経験したことです。

今も「霊言集《れいげんしゅう》」を出していますが、初期のころと今とでは、感じはかなり変わっているのです。

今は、霊界《れいかい》にいる、この世に名前があった人、あるいは、みんなが知っている人の「霊界での体験」や、「霊界に還《かえ》ってからの自分の人生を見て、どう考えているかについての報告」をお見せしていますが、「霊界に行っているから、彼らのほうが偉《えら》い」というわけではないことは、私も分かっているし、おそらく、今の信者のみなさんも分かっているとは思います。

初期のころは、さまざまな諸菩薩《しょぼさつ》、天使、如来《にょらい》たちが出てきて霊言をすれば、やはり、「向こうは、威厳《いげん》がある、名前のある方であるから、地上にいる人間よりは格のある方だ」と思って、その言葉をうやうやしく受け取っていましたし、霊人《れいじん》から叱《しか》られるようなこともたくさんありました。

しかし、やっているうちに、だんだん私の悟りのほうが高くなってきたので、そういうかたちにはならないようにはなってきています。

もちろん、霊人にも専門別で得意な領域があるので、そういうことについては尋《たず》ねることもありますが、最後は自分で判断するようになっているのです。

こういうことは、無神論、あるいは如来や菩薩、天使たちを否定することではありません。「彼らが持っている悟りよりも、もっと高度な悟りを得てきている」というだけのことです。

「諸法無我《しょほうむが》」の教えを通して、仏陀《ぶっだ》が本当に言いたかったこと

仏陀《ぶっだ》の説法で、「方便《ほうべん》」として説いたもののなかに、唯物論のように取れる面もあります。

特に、「諸行無常《しょぎょうむじょう》」で「この世が変転流転《へんてんるてん》していくものだ」というのはよいとして、「生《しょう》・老《ろう》・病《びょう》・死《し》」もこのなかに入るとして、これはよいとしても、問題は「諸法無我《しょほうむが》」のところです。

この「諸法」の「法」とは、「教え」という意味ではありません。インドの

「ダルマ」という言葉のなかには、「教え」という意味と「存在」という意味の両方があるのです。

「諸法無我」、「諸々《もろもろ》の物は、みんな無我である」とは、「永遠なる実体を持っていない」と言っているだけなのです。

机であろうと、コップであろうと、マイクであろうと、天井《てんじょう》であろうと、床《ゆか》であろうと、柱であろうと、現にこれらはあるようには見えるけれども、永遠の存在ではありません。これは間違《まちが》いないことです。必ず滅《ほろ》びていきます。「滅びの性質を持っている」ということを、三法印《さんぼういん》の二番目に説いているのです。

これだけを捉えると、やや唯物論的に言っているように見えるところもあるかもしれません。その程度にしか理解できない人もいるでしょう。

同じようなたとえとして、次のようなものもあります。

インドでは、雨季《うき》になると大洪水《だいこうずい》が起きます。日本でも台風がありますが、大洪水になると、ガンジス河の川幅《かわはば》もすごく広くなって海のようになり、対岸が見えないぐらいに広くなるのです。そして、氾濫《はんらん》して土手を破り、民家を押《お》し流したりします。インドでは、粘土《ねんど》でつくられた茅葺《かやぶ》きの屋根の家が多かったので、洪水が起きると、土でつくった家などはあっという間に流されてしまいます。

仏陀は、諸法無我のたとえのなかで、そういう話もしていました。それを取って、唯物論的に解釈することもありえましょう。

しかし、それは、人々に分かるような範囲《はんい》内で、嚙《か》み砕《くだ》いて言っていることなのです。

「あなたがたがせっかくつくった家も、滅びていくでしょう。毎年の雨季に起こる洪水で、流されていくではないですか。人の命も、それで奪《うば》われる。動物たちも奪われていく。つくったさまざまなものが流されていく」ということで、「この世のものに執着《しゅうちゃく》してはいけない」という教えを説いているだけです。

結局、この「諸法無我」の教えは、「死んであの世に還ってくるときには、この世のものは、何一つ持って還れないのだ」ということを教えたくて言っているだけなのです。

「この世のものには、永久性はない」ということです。「永遠のローマ」をつくろうとしても、やはり、その永遠のローマも滅びました。千年の都《みやこ》をつくろうとしても、千年たたずして滅びていくことも多く、いかなる建造物ももちません。

また、私がかつて勤めたことがあるニューヨークのワン・ワールドトレードセンターでも、「二百年はもつ」と言われていて、事務所として使う契約《けいやく》は、二百年契約をすることができました。

私がニューヨークへ行ったのは一九八二年から八三年ぐらいですが、二百年契約ができると言われた所で、もちろん、家賃は世界一レベルだったと思います。それが、私がいなくなって十八年後、建ってわずか二十数年で地上から姿を消しているわけです。「旅客機が突っ込《こ》んで崩壊《ほうかい》する」という、誰《だれ》も想像しないようなことが起きました。「この世に永遠なるものはない」という象徴《しょうちょう》かもしれません。

仏陀は、「この世のものに永遠性はない」「永遠なるものは、自分の内に宿りたる魂《たましい》だ」ということが言いたかっただけなのです。それを教えるために、「この世のものには永続性はない。執着しても、あの世には持って還れない。どんなによい家を建てても、その家は持って還れない」などと言っています。

マイカーを買っても持って還れないし、建物はみんな消えるし、人間だって、病院に入《い》れて、車のように体を修復するけれども、結局は死ぬということです。

冷たいようですが、これは真実です。そのとおりでしょう。「そのときに、何もないと思うなよ」ということです。

「肉体に関することは、全部なくなる。それは知っていなさい。肉体以外のもので残るものは何か。あなたたちが『心』と思うものだろう。それを持って還るのだ。そうであるならば、肉体生活をしている間に、持って還れる心をこそ磨《みが》かなかったら、持って還るものはもうないのだぞ。だから、肉体生活でいろいろ不自由しているし、不便だけれども、その不自由な生活のなかで、自分の心のあり様をつかめ。真実の心のあり方をつかめ」ということです。

仏陀は、これが言いたかったわけです。

仏教学者の間違《まちが》った「涅槃寂静《ねはんじゃくじょう》」の解釈《かいしゃく》

「諸行無常」は、「この世のものは、止《と》めることはできない」ということです。「生・老・病・死」というものがあって、「今、家庭の幸福が出現しているので、ずっとこのままでいたい」と思っても、そのままで止めることはできません。赤ちゃんが生まれて「かわいいいな」と思っても、いずれ第一次反抗期《はんこうき》が来たら憎《にく》たらしくなることもあるし、小学校に入ってから悪い遊びを覚えてくることもあるし、中学校に入ってから不良になることもあるし、大人になってから親孝行になる場合もあれば、親不孝になる場合もあるし、犯罪人になる場合もあるし、よいことをする場合もある。

そのようにいろいろなことがあるので、「今のままが幸福だから、このままで止めたい」と思っても、止められないものでもあるし、「この世のものはすべて破壊されていくという性質を持っている。諸法無我の性質を持っている」ということです。

さらに、三番目として「涅槃寂静《ねはんじゃくじょう》」ということも言っています。

「涅槃」とは、仏陀のような偉大《いだい》な人がこの世を去ることを言います。その涅槃は寂静である、寂として清浄《せいじょう》であるということを言っているわけですが、これを別な言葉で言うと、「悟って帰天《きてん》した者が、死後、還《かえ》る世界は、とても調和に満たされ、穏《おだ》やかで清らかな世界である」ということです。それを「寂静」という言葉で言っているのです。

ただ、誤った仏教学者たちは、これを違《ちが》ったように捉えています。尼寺《あまでら》等には庵室《あんしつ》というものがあります。尼さんが籠《こ》もったりする茶室のような部屋があり、電気が通っていないので、昼間でも薄暗《うすぐら》いなかで、坐禅《ざぜん》をしたり、お茶を飲んだりするわけです。そうした薄暗い静かな茶室のようなものを涅槃寂静の境地だと、彼らは思っているようです。

特に、小乗《しょうじょう》仏教では「仏陀は生まれ変わらない」というようなことを強調する気《け》があるので、あの世に還ったままなのです。還ってからどうなったかがよく分からないので、そういう尼寺のような真っ暗闇《くらやみ》の静かな所に隠《かく》れてじっと坐《すわ》っていると思っているようなのです。

それで、かえって「仏陀がこの世を救済に来る」という考えを拒否《きょひ》し、否定してしまっているという、正反対に行った例ですけれども、そういう考え方を持つ人もいるわけです。

生きながら「実在界に還《かえ》ったときの安楽《あんらく》の境地」を目指す

この「涅槃寂静」というのは、要するに、悟りたる者が還《かえ》るあの世の世界は、非常に調和され、清らかで心が波立たない人たちが、お互《たが》いをそれぞれ邪魔《じゃま》することもなく生活している、そうした安楽《あんらく》の境地なのだということを言っているわけです。ですから、この世で生きている間に、坐禅などの修行《しゅぎょう》をしているなかで、実在界に還ったときのそういう境地を体験してみよと言っているのです。

つまり、坐禅をするというのは、「あのかたちをまねしなさい」とだけ言っているわけではなく、坐禅をしている間に、心を平静に凪《な》いだかたちにし、穏やかな、鏡のような、湖面のような気持ちを持つことで、天上界にいるときの気持ちと同通することができるようになるということを教えているわけです。

そして、そういう心を常時持てるようになれば、それが「菩薩や如来たちの世界」だということです。あの世の人たちは、そうした高度な世界へ行けば行くほど、心は澄《す》み切り、穏やかで、争いごともなく平和で、人々の調和と幸福を願っている人たちで満ちています。

一方、地獄《じごく》という世界に還ったとすれば、その〝逆〟になります。怒《いか》りや憎しみの炎《ほのお》に燃え、人を痛めつける、殺す、復讐《ふくしゅう》するようなことばかりやっている人や、言い訳をしたり、嘘《うそ》をついたり、騙《だま》したりするようなことばかりをしている人、あるいは、この世における犯罪をたくさん犯《おか》したような人、思想的に間違ったことを人に教えて生きていたような人たちのいる所、これが「地獄界」です。この世のなかの醜《みにく》い部分です。

そこで、そういう所に行かないようにするにはどうしたらよいかということですが、「心を統一し、調和することを練習しなさい」と言っているわけです。ですから、多少、人里離《はな》れた所で、一人ひとり個別に坐禅したりするのは、「そういう境地を体験しなさい」ということです。

6　中道《ちゅうどう》から智慧《ちえ》の発見をする

修行《しゅぎょう》時代の釈尊《しゃくそん》は、二人の師の境地にすぐに達した

そのようなわけで、仏陀《ぶっだ》が教えたことのなかで、特に大事なことは何でしょうか。

禅宗《ぜんしゅう》のほとんどは、「無念無想《むねんむそう》」系統のことを言っています。これは、何も考えず、何も思わないということです。何も念じず、何も思わないことがその境地だと言っています。「だから、心を空《から》っぽにしなければいけないんだ」というようなことを一生懸命《いっしょうけんめい》に教えるわけですけれども、この「無念無想」というのは、仏陀が悟《さと》る前に二人の先生に就《つ》いて教わり、その先生のもとで修行《しゅぎょう》し、師と同じ

境地まで達したものの、「これは悟りではない」として否定した教えなのです。「何もない。空っぽだ」という悟り、つまり、「無所有処定《むしょうしょじょう》」といって、「もう、何もないのだ。あらゆるものは、一切《いっさい》は無《む》なのだ。無だ。空《くう》だ」というようなことを教えているような先生や、「何も思わない。『思わない』ということも思わない」ということを一生懸命に苦心して、「何も思わないぞ。しかし、『何も思わないぞ』と思っていたら、これは思っていることになるから、『何も思わないぞ』ということさえ思わない」というような「非想非非想定《ひそうひひそうじょう》」を教えている先生もいました。

釈尊《しゃくそん》は、「無」とか「空」とか、そういう「無念無想」というようなことに近いことを教えている先生、アーラーラ・カーラーマ（無所有処定＝無念無想に近い）やウッダカ・ラーマプッタ（非想非非想定＝通常の思考を超越《ちょうえつ》した思考）などのヨガ仙人《せんにん》の先生に就いて、三カ月でそれぞれの師と同じ境地まで達し、「後を継《つ》いでくれ」などと言われたりしているのですが、それを断り、彼らから離《はな》れていくことになります。二回とも離れ、その後は独自で修行に入っていくのです。

これが、仏陀が悟る前の修行です。

本当の悟りは苦行《くぎょう》にはないことを知る

次に、釈尊は悟りを得ようと苦行《くぎょう》し、断食《だんじき》もしましたが、これでも悟れなかったことが、仏典《ぶってん》にははっきり書かれています。

「断食行《ぎょう》」というのは当時も流行《はや》っていた考え方であり、要するに、肉体をいじめ、いじめることによって肉体を否定することで、霊的《れいてき》になれるという考え方です。

今も、比叡山《ひえいざん》などでは、回峰行《かいほうぎょう》をし、断食行をする人がいます。

確かに、ものを食べずに断食していると、意識が朦朧《もうろう》としてくるのです。痩《や》せていって朦朧としてくるその過程で、いろいろな幻《まぼろし》を見たり、声が聞こえたりしてくるのです。

そのなかで、間違《まちが》いなく霊的になってはいくのですが、声が聞こえてきたり幻が見えたりすることは、それが悟りかどうかということです。

釈尊もそうしたことを実体験しましたが、「これは悟りではない」と思いました。肉体を否定して苦しめ、当時、ほかの人たちがみなよくやる苦行を自分もやってみると、幻が見えたり、声が聞こえてきたりしたけれども、「これは、悟った者の声ではない。悟った者の世界ではない。見えているものは違うものではないか」と思ったわけです。

それを簡易に体験するために、インドの行者《ぎょうじゃ》などにも、洞窟《どうくつ》のなかで麻薬《まやく》を吸っている人もいるようです。

また、南米あたりでも、コカの葉などによる覚醒剤《かくせいざい》を使い、トランス状態になって、シャーマンをするような人もいます。

そうしたトランス状態でシャーマンを体験することも、いちおう霊体験ではあるのですが、私が見るところ、やはり、あの世のあまりよいところを見てきてはいません。南米のシャーマンたちが幽体離脱《ゆうたいりだつ》し、トリップして経験していることは、南米のボアなどの巨大《きょだい》な蛇《へび》のようなものがたくさんいる世界を見てきたりしているようなので、それほどよい世界ではないと思います。神々の世界ではないでしょう。

仏陀が断食したときに見た世界、体験した世界も、実はそれほどよい世界ではなかったでしょう。食料事情も悪い当時ですから、食料不足で死んだ者も大勢いたはずです。痩せ細って死んで餓鬼《がき》霊になっている人たちや、動物たちもたくさんいたはずですし、動物霊や人を迷わそうとしている亡者《もうじゃ》もたくさんいたはずです。

「霊界《れいかい》が視《み》える」といっても、そういうものが視えるようになったり話せるようになったりするのが悟りではないということを、彼は菩提樹下《ぼだいじゅげ》で断食をやっていて知ったわけです。

釈尊の菩提樹下《ぼだいじゅげ》の悟り

本当の悟りはそこにないと知ったあと、釈尊は、スジャーターのミルク粥《がゆ》のお布施《ふせ》を受け、体力を回復し、川で沐浴《もくよく》をしました。

釈尊と共に修行をしていた五人の修行者たちは、その姿を見て「釈尊、ゴータマは堕落《だらく》した」と称《しょう》し、「自分たちは、もうゴータマから離れて独自に修行をしよう」と言って、何百キロも離れた所に行くわけです。

やがて、釈尊は菩提樹下《ぼだいじゅげ》で修行しますが、これは、以前、私が説法《せっぽう》した所の近くのマハーボーディ寺院にある、今、四代目ぐらいの菩提樹かもしれません。

　釈尊は、その樹下で修行し、人間が肉体を持って修行していることの意味を考えたわけです。

　もし、断食して死ぬことが目的なら、生まれてくること自体が間違いであるわけです。しかし、生まれてきたということは、やはり、肉体を持って修行をしているなかに悟りのよすがを発見しなければいけないのです。

　では、肉体を持ちながら悟りを発見するということは、どういうことでしょうか。

　肉体が盛《さか》んすぎたら煩悩《ぼんのう》が燃えすぎて、いろいろな欲望が渦巻《うずま》いてきます。欲といわれる諸欲がすべて出てきます。食欲、性欲、睡眠欲《すいみんよく》、それから、出世欲、金銭欲、権力欲など、もうありとあらゆるものが出てきます。

　煩悩が盛んになればそういうものが出てくるし、それらを否定しても、今度は、ただ「死にたい」という願望が出てくるのであれば、死神《しにがみ》、あるいは死を招く霊がやって来ます。すでに自殺したり事故死したりしたような者がやって来ます。これも違っています。こういう両極端《りょうきょくたん》を離れ、中道《ちゅうどう》に入《はい》らなければいけません。

そのように、人は命あるかぎり、この世で生きて修行を続けなければいけないのですが、絶えず中道に入る修行をしなければならないわけです。

「中道《ちゅうどう》」から智慧《ちえ》の発見をしようとした釈尊

「中道《ちゅうどう》」という言葉を細《こま》かく分けて考えるならば、「八正道《はっしょうどう》」ということになります。

それには、正しい信仰《しんこう》を持たなければいけません。「正しい信仰」を持つことによって、世界あるいは自分自身を正しく見ることができます。「八正道」の「正見《しょうけん》」は、ここから始まるわけです。ここから始めて、教えは八つあります。

では、「正しい信仰」とは何でしょうか。当時も、いろいろな宗派《しゅうは》や教えがありましたから、やはり、自《みずか》らが発見した道、この道が真理だと思う考えによって世界を眺《なが》め直してみると、ほかの人たちが「宗教修行をしている」と思うもののなかに、間違っているものがあるわけです。

したがって、自分のなかに持っている間違った考えのようなものを外していき、正しく物事を観察し、理解しなければいけないということです。「八正道」は、こうした「正見」から始まります。

それから「正思《しょうし》」です。自分の思いをもう一回見つめてみる、心のなかに間違いがないかどうかです。

そして、心のなかに間違いがあれば、正しい言葉は語れないので、「正語《しょうご》」が語れるかどうかということを見るわけです。

「正業《しょうごう》」は、「自分の行為《こうい》は正しいか」「行動は正しく行《おこな》ったかどうか」。「正命《しょうみょう》」は、「毎日の生活は正しかったか」。

「正精進《しょうしょうじん》」は、「正しく道に精進しているかどうか」。

それから、「正念《しょうねん》」は、「自分の念《おも》い、未来に向かって、こうしたいと思っている意志の力や願いといったものが、正しい方向に向いているか」。

あるいは、「正定《しょうじょう》」は、自分の禅定《ぜんじょう》において、「正しい禅定ができているかどうか」。

「八正道」は、このようなことを個別に分けて、後世、システム的に固まっていくわけですが、これを一言《ひとこと》で「中道」と呼んでいるのです。

釈尊は、肉体を持ちながら修行をしていくなかに、智慧《ちえ》を得ようとしました。

つまり、中道から智慧の発見をしようとしたのです。

悟りを正しく導くために必要な「三世《さんぜ》を見通す力」

その智慧というのは、さらに広がっていきます。自分自身の心の曇《くも》りを晴らして、天上界《てんじょうかい》の守護霊《しゅごれい》・指導霊たちの光が入り、同通するようになるだけでなく、その智慧がさらに広がっていくにつれて、いろいろな人々の悩《なや》みを解決できるようになるわけです。

それから、釈尊は「過去・現在・未来が視《み》えるようになる」というような現象が付随《ふずい》していくようになっていきました。

現在、目の前にいる人の悩みを解決するには、その人の過去世《かこぜ》まで見なければなりません。「過去世にどういうことがあったために、今、こういう現象が現れているのか」ということまで見なければ、今世《こんぜ》の人生だけを聞いても分からないことがあります。ですから、転生《てんしょう》の過程を見て、来世《らいせ》はどうなるかまで見て、「このままでは地獄《じごく》のここに行きますよ」「このままでは、あなたは危ないですよ」というようなことを教えてあげなければいけないわけです。

このように、三世《さんぜ》を見通すということは、その人の悟りを正しく導くために必要なことではあるでしょう。

仏陀の称号《しょうごう》のなかに「世間解《せけんげ》」がある理由

さらに、「正しく解脱《げだつ》している」ということでは、肉体から遊離し、実在界を見ることができるようにもなりますが、また一方で、「仏陀」の称号《しょうごう》のなかには「世間解《せけんげ》」という言葉もあります。これは、「世の中のことをよく知っている」ということです。

実際に、山のなかやジャングルなどにおいて独《ひと》りで修行しながら、世の中のことも分かるというのは、難しいことではありますけれども、仏陀教団では、弟子《でし》たちがあちこちへ行き、さまざまな修行をし、その修行の物語を語っていました。そうすると、「こんな悩みの人がいた」「こんなことを相談された」というように、いろいろな話が返ってくるので、それに答えを与《あた》えていく過程で智慧がたまっていったわけです。

現代で言えば、社会が大きくなり、専門分化もしているので、山のなかで悟っているだけでは無理なところがあって、情報に振《ふ》り回されてはいけないけれども、世界で起きていることはどういうことかというような現代の問題についても、ついていける程度の勉強は維持《いじ》しなければならないということです。ただ、それに呑《の》み込《こ》まれてしまってもいけないということはあろうとは思います。

大まかに言えば、釈尊は、そういう体験を経《へ》て、その後四十五年間、法を説いていくなかで経験が積まれていったわけです。

大悟《たいご》のあとにも、修行《しゅぎょう》においては「小悟《しょうご》限りなし」

釈尊が菩提樹の下で最初に開いた悟りを「大悟《たいご》」、あるいは、伝統仏教的には「大悟《だいご》」とか「大悟徹底《だいごてってい》」とか言うこともあります。

そこで最初の大きな悟りが開けたというのはそのとおりですが、それで終わりではなかったわけです。

このときに、降魔《ごうま》をし、自分を攻《せ》め込んでいた悪魔たちを粉砕《ふんさい》してはいるけれども、悪魔はしつこく仏陀につきまとい、何回も出てきています。仏典を読むかぎり、死ぬ間際《まぎわ》まで出てきているのです。教団が危機のとき、または食料がなくなったとき、あるいは自分が苦しいときなど、折々に、悪魔が惑《まど》わかしに来ることが書かれています。

でも、仏陀は、そのつどにそれを退《しりぞ》けています。人生経験は積み重なっていくので、「悟後《ごご》の修行《しゅぎょう》」という、悟りのあとの修行というものが来ます。「小悟《しょうご》」がまだ続いていくわけです。小悟、小さな悟りは限りなし。「小悟限りなし」ということです。

大悟徹底しても、まだそれで終わりではなく、小悟がまだ続いていくので、人生経験を積むにつれて、悟りも、器《うつわ》としては大きくなっていくということが言えるというように思います。

以上、仏陀の悟りの基本的で簡単なところについて、輪郭《りんかく》を述べました。

第2章

悟《さと》りを開く②

―魂《たましい》・霊界《れいかい》・霊能力の真実―

二〇一九年九月六日　説法《せっぽう》

幸福の科学 特別説法堂にて

1　魂《たましい》と転生輪廻《てんしょうりんね》の真実

人間は天上界《てんじょうかい》から両親を選んで生まれてくる

前章では、「悟《さと》りを開く」ということに関して基本的な話を述べましたけれども、まだまだ、その周辺についての話を続けなければならないと思うので、簡単に、復習も兼《か》ねて述べていきます。

人間というのは、本来、「魂《たましい》」として、基本的には天上界《てんじょうかい》に住んでいるものです。それが、地上の変化・進化等を見て「魂学習の時期が来たかな」と思うと、両親を選んで生まれてくるのです。

だいたい、母親のお腹《なか》で満九週目前後になると魂が宿ります。それから生まれてくるまでの間は、大人の意識が出てきたり、子供の意識になったりと、行ったり来たりしていますが、出産間際《まぎわ》になると、次第《しだい》しだいに、子供の意識というか、赤ちゃんの意識に変わっていきます。この間《かん》に、前世《ぜんせ》の記憶《きおく》を忘れていくことになっています。

生まれてきたときに前世のことを覚えている人もたまにいて、そういう記録もあることはあるのですが、ごく稀《まれ》でしょう。たいていは、インドなどの転生輪廻《てんしょうりんね》が広く信じられているような地域で、幼少時に亡《な》くなったりした場合です。すぐに生まれ変わってきて、前世の両親や家などを言い当てたりするようなことが多いようです。

「生まれ変わり」の思想は、宗教ではポピュラーな考え方の一つ

また、国としては、今、占領《せんりょう》されて中国領になっているチベットの「ダライ・

ラマ」も、まことに稀有《けう》な例ではありますが、「ダライ・ラマが、歴代、生まれ変わる」というものがあります。

　ダライ・ラマが亡くなった日あたりに生まれた子供を探して、だいたい、三歳《さい》から五、六歳ぐらいの子供のなかで、利発そうで、生まれ変わりの時期がちょうどぐらいの子を探して集めてくるのです。そして、生前のダライ・ラマが愛用していた道具等を置いてみて、その子供がどれを選ぶかなどを見て本人かどうかを確認し、認定したら、その子を次のダライ・ラマとして育て、英才教育をするというようなことをしています。

　ただ、以前、私のところでも、今、生きているダライ・ラマの守護霊《しゅごれい》を呼んでみたのですけれども（『ダライ・ラマ―政治と宗教の間で―』―守護霊インタビュー―」二〇一二年八月三十日収録）、はっきりしたものが出せなくて〝混線〟をしていました。そんなに即時《そくじ》に生まれ変わるような感じであれば、「守護霊」

という存在が理解できない状態なのかなと思いました。

そのように、死んですぐに生まれ変わってくるというのであれば、霊界《れいかい》に行っている暇《ひま》がないので、このあたりのところは、理論的には、まだあまり整然とはしていないのかもしれません。

ただ、それが特別に異端《いたん》かといえばそうでもなく、弘法大師空海《こうぼうだいしくうかい》のことを書いた本を読むと、「空海の誕生日が、中国の密教《みっきょう》の高僧《こうそう》である不空三蔵《ふくうさんぞう》の没年月日《ぼつねんがっぴ》と一致《いっち》していることから、『不空三蔵が空海に生まれ変わった』というようなことが生前から言われていた」とありました。そうした生まれ変わりのお祝いのようなことをする場合もあります（実際は、不空の死後数日して空海は生まれたらしい）。

このあたりのことは、まだ霊界知識としては十分に詰《つ》められているものではありません。

また、天台智顗《てんだいちぎ》は師匠《ししょう》の慧思《えし》という人から、「われらは共にインドの霊鷲山《りょうじゅせん》で仏陀《ぶっだ》の話を聴《き》いたね」というような話をされたという記録が遺《のこ》っているので、そのように考える人は多かったのではないかと思います。

生まれ変わりの思想は、インド文化圏《けん》やそれが伝わっているところ、インド、中央アジア、中国、朝鮮《ちょうせん》半島、日本、およびインドから西のほうにも広がっています。

あるいは、その生まれ変わりの思想自体は、古代のギリシャなどにもありましたし、それから、キリスト教にも、明確ではないものの、少しは痕跡《こんせき》が遺っていますし、ユダヤ教のなかにも多少遺っているように思います。

宗教全体を見るかぎりは、わりあいポピュラーな考え方の一つなのではないかと思います。

「魂のきょうだい」と生まれ変わりについて

幸福の科学では、「魂というのは、それ一つが単体で順番に生まれ変わっているわけではない」というようなことを言っています。

そういう言い方をするところは幾《いく》つかありますが、まだ数としては多くはないように思います。考え方としては、「同じ魂が鎌倉《かまくら》時代にも生まれて、江戸《えど》時代にも生まれ変わって、現代にも生まれ変わって」というように考えるほうが、分かりやすいことは分かりやすいのです。

「死んであの世へ還《かえ》って、次に肉体に宿って、また、あの世に還って」というようなもののほうが分かりやすいのですが、現実は、必ずしもそのようにはなっていないわけです。

さまざまな宗教の教祖や霊能者、超能力者《ちょうのうりょくしゃ》等も、いろいろとそういうものにチャレンジはしているのですが、なかなか、明確な、明晰《めいせき》なかたちで説明し切れているとは言いかねるものはあるようです。

ただ、どういう感じかというと、いろいろなたとえはできます。

例えば、「手」のようなたとえで言う場合もあります。手のひらがあって指が五本ありますが、この「手」が自分自身だとして、手のひらの部分が本体だとしたら、親指、人差し指、中指、薬指、小指というように、少しだけ性質の違《ちが》った魂のきょうだいがいて、こういうものが順番にこの世に生まれ変わってくるという感じでしょうか。

この指を一本、コップのなかの水に浸《つ》けたとき、水に浸かっている部分が現象界に出ている部分で、残りは天上界にいるというような考え方もあるわけです。

また、ジャガイモやサツマイモを抜《ぬ》いて見てみると、たいてい、イモは一本だけではなく、何本か付いて出てきます。そのように、「一つといっても、何体かが一緒《いっしょ》になっている」というような考え方もあります。

あるいは、水車《すいしゃ》のたとえのようなものもあります。水車は小川の流れで回転し、その動力を伝えて、石臼《いしうす》を回して粉を挽《ひ》いていることがよくありますけれども、小川のなかに入っている部分は一部分です。一部分だけ入っているけれども、あとの部分は水のなかには入っていません。そういう水車には、幾つかの羽根が付いていて分かれていますけれども、それらが魂だとすると、川に浸かっている部分が現象界、すなわち地上界に肉体を持っている部分であり、「肉体のなかに宿っているのは、その川に浸かっている部分のところなのだ」という考え方もあります。

水車は、その一部分が川に浸かっていることで回転をすることができていますが、これを全部浸けたら回らなくなりますし、全部を引き揚《あ》げても回らなくなります。

このように、「魂の一部分だけが生まれているのだ」という考え方があります。

「魂の本体・分身」の数を確定するのは難しい

そうした意味で、「地上に出ているのは十パーセントぐらいだ」とか、「十数パーセントぐらいだ」といった言い方をすることもあります。

『黒帯英語九段⑥』（宗教法人幸福の科学刊）の後半に、オーストラリアのジャーナリストがアブダクションのようなかたちで異星人にＵＦＯに乗せられ、惑星《わくせい》間旅行をして、ほかの星に行ったりした体験記を書いたものの前半部分をまとめたものが載《の》っています。

その体験記を読んでいたら、宇宙人が語るに、「われわれは、そういう霊界法則というか、心霊世界については十分に知っている。この世に生まれている人間というのは、その魂の全体の九分の一ぐらいなんだ。それが入っているんだ。そして、九分の一がこの世に出ている魂の全体もまた、もっと大きな魂のなかの九分の一ぐらいが出ているんだ。その上もそうで、またもっと大きな魂の九分の一ぐらいが魂になっているんだ」という言い方をしていました。

要するに、大きな魂がどこか上のほうにあるわけですが、そのなかから九分の一ぐらいが出て次の本体をつくり、そこからまた九分裂《ぶんれつ》ぐらいしたものが出て、その下がまた出てという感じで、個別の地上の人間ができているというような考え方を、異星人が語っているところがあったのです。関心があれば、書籍《しょせき》を読んでみてもよいと思います。

もっとも、「九分の一」というのが、どの程度正しいものなのかは分かりません。十分の一なら一割ですが、九分の一なら一割を超《こ》えているぐらいになるので、九人に一人が地上に出ているような感じでしょうか。

ただ、このあたりの数はなかなか確定できるものではないのです。当会の書籍でも、「魂は本体一・分身五ぐらいでできている」と説明することが多いのですが、すべてをそのようにかっちりと数えることができたわけではありません。よくは分からないのです。

分子や原子などの説明で、原子核《かく》の部分について、「陽子等があり、その周りを電子がグルグル回っている」という感じのものがありますけれども、だいたい、ああいうものをイメージして言っているのではないかとは思います。

古い時代の霊存在は「魂のなかの記録」のようなもの

では、魂の分身か本体が地上に生まれているとして、その残りを十分にカウントできるかということですが、何人かぐらいまでは出せても、それより前になると、よく分からないことが多いのです。

ただ、もし、地上に生まれているのが一人だけで、あとの五人分は霊界に残っていたとしても、もっと古い時代の意識まで出してくることはできます。これに関しては、古い時代の霊存在が地上の人間のような感じで天上界で生活しているというよりは、これまでの私の感触《かんしょく》からすると、古い部分はいわゆる記憶のレコードのようなものから取り出してきている感じがするのです。

昔のレコード盤《ばん》などは、「このあたりを再生すれば、この曲が出てくる」というところがありましたが、古い霊存在については、多少そういう感じを受けます。その記憶の部分を立体化して再現することができ、生きている人間のように語るのですが、実際にそういうかたちで生存しているわけではなく、それは「本人の魂のなかの記録なのだ」という感じがしています。

ただ、このあたりまで理解するのはなかなか難しいことです。

私でも、かなり古い意識まで出してくると、確かに存在はしてはいるし、読み取れた記憶だけは出すことができるのですが、読み取れないというか、あまりに数が多くて、もはや覚えていられないぐらいになってくると、出せない感じにはなります。

その意味では、「霊界とこの世を合わせた魂の存在」というのは、認識としては極《きわ》めて難しくなります。言えば言うほど、分からなくなるかもしれません。

ですから、昔ながらに、人魂《ひとだま》のような魂が肉体のなかに宿り、それが出て天上界に住み、またこの世に生まれ変わっているという程度に理解している人は多いと思いますが、無理もないところもあるかもしれません。そのように言わないと分からないところもあるのでしょう。

以前、渡部昇一《わたなべしょういち》先生の霊と話したときにも、やはり、魂のきょうだいや守護霊などについては、あまり理解が

『渡部昇一　日本への申し送り事項　死後21時間、復活のメッセージ』(幸福の科学出版刊)

『渡部昇一　死後の生活を語る』(幸福の科学出版刊)

いかなかったようでした。キリスト教のほうでは、そういう教えがはっきりとはないので、よくは分からなかったのでしょう。

仏教における「四十九日《しじゅうくにち》」の考え方

先ほど述べたように、仏教のほうでは、「ダライ・ラマが、即生まれ変わる」というような話もあるし、「弘法大師空海は、不空三蔵が死んだ日に生まれ変わった」というようなことを言っているところもあります。

そうであれば、霊界の体験がほとんどなくなってしまい、魂から魂へ生まれ変わる感じになるので、真実ではないのではないかという感じが若干《じゃっかん》します。

ただ、仏教の「四十九日《しじゅうくにち》」の考え方のなかには、そういうものも多少あり、「死んだあと、四十九日間、魂が地上にとどまることができる」と言われていま

『渡部昇一「天国での知的生活」と「自助論」を語る』(幸福の科学出版刊)

す。

その後、また生まれ変わるわけですが、インドでは、「生まれ変わる」というのは、「天に生まれ変わる」と言う場合もあり、それから、地獄《じごく》に行く場合でも「生まれ変わる」という言い方を使うのです。「畜生道《ちくしょうどう》に生まれ変わる」「阿鼻叫《あびきょう》喚《かん》地獄に生まれ変わる」「天人《てんにん》に生まれ変わる」「人間として生まれ変わる」など、四十九日後、魂がこの世から離脱《りだつ》して還っていく先に行く場合でも、「生まれ変わる」という言い方をすることがあるので、話は余計ややこしくなっています。

あの世に行くときも「生まれ変わる」と言う場合もあれば、この世に戻《もど》ってくるときだけ「生まれ変わる」と言う場合もあるので、若干難しいところがあります。

2　守護霊《しゅごれい》と地上の本人との関係

魂《たましい》の個性はどのようにして出来上がるのか

また、自分自身の「魂《たましい》のきょうだい」といわれる者を呼び出して、多少個性が違《ちが》うかたちの自分として話ができるのですが、これと、そうではない他人《たにん》の魂が入って話をするのとどう違うのかということも、それほど簡単なことではありません。そこまで明確に峻別《しゅんべつ》できる霊能者《れいのうしゃ》というのも数が少ないので、無理なところもあるのかなという気もします。

釈尊《しゃくそん》も、説法《せっぽう》のなかでは「過去七仏《かこしちぶつ》」ということを言ってはいます。「過去、こういう王様がいたときに、自分はこういう所に生まれ、菩薩《ぼさつ》として修行《しゅぎょう》して如《にょ》来《らい》になり、こういうことをした」というような過去仏《かこぶつ》の話をしていますし、未来《みらい》仏《ぶつ》の話もしています。

釈尊の説法だけを見ると、本人自身が生まれ変わっているのか、自分もいるけれども、本当に過去仏がまだいるかのように聞こえる面もあり、若干《じゃっかん》分かりにくいのです。今まで三十数年リサーチしてきましたが、なかなかこれは難しくて、伝え切るのは大変かと思っています。

ただ、先ほど、異星人がオーストラリアのジャーナリストに伝えたという、「魂の九分の一ぐらいが地上に生まれてきている。その魂もまた大きなものの九分の一、さらにその上の……」という話がありましたが、最近、霊言《れいげん》等で聞いてみても、確かに、上段階霊の場合は、単なる生まれ変わりというよりは、さらに〝子供〟を出していく感じで、分裂《ぶんれつ》していって増えていっているようなところがあります。

この考えで言えば、例えば、神としての存在があっても、その魂の光は「分《ぶん》光《こう》」していって新しい魂をつくり、それがまた分裂していくような感じで、〝細《さい》胞《ぼう》分裂型〟で魂の数が増えていったと見ることも可能かと思います。

そのようにして増えていって、人口も増えていったと取ることもできますし、ある意味では、「個性としては別だけれども、魂としては全部がつながっている」という考えもあるわけです。そういう意味では、「人間神の子・仏の子」という考え方が、成り立つことは成り立つわけです。

手《た》繰《ぐ》っていくと魂の親がいて、さらに、その親のまた親がいるということで、「親神様《おやがみさま》がいる」という感じでしょうか。

それぞれに自分の〝親〟はいるのですが、「一定の傾向《けいこう》を持った魂があり、その分光が出てきて、さらにそれが分裂して」というかたちでやってきたとすると、地球の人口が増えてきているのも、ある程度理解できなくはないでしょう。

そうした意味での「エネルギー体としての霊体《れいたい》」が存在するのですが、それが分光していったものを一つの個性として存在させるためには、おそらく、「この世で名前を持った肉体に宿らせて何十年か生きさせ、あの世に還《かえ》らせると、その部分が個性化している」ということが言えるのではないかと思うのです。

そのように、転生輪廻《てんしょうりんね》していろいろなところに生まれることによって、多様な個性が出来上がってきているのではないかと思うのですが、全容の解明はなかなか難しいものがあります。

日本神道《しんとう》における「魂」の認識について

また、「守護霊《しゅごれい》」についての認識も、宗教家、あるいは宗教においても十分ではありません。

日本神道《しんとう》でも、「魂が一様《いちよう》ではない」ということは分かっているようではあるのです。いろいろと化身《けしん》があるらしいということで、そういうものは、「幸魂《さきみたま》」「奇魂《くしみたま》」「荒魂《あらみたま》」など、いろいろな呼び方があるようです。

「一部は動物の姿を取った変化身《へんげしん》もある」というようなことを言ってはいるので、魂の変幻《へんげん》自在さと、魂が一通りではないというか、人間様《よう》のものだけではないことを、日本神道のほうも知ってはいたようです。過去、霊能者が多く出ているので、そういうことを知ってはいたのではないかとは思います。

霊界《れいかい》における霊体も一種のエネルギー体ではあるので、肉体を持っているときに比べれば、もっと変幻自在なかたちになってくるということです。

さらに、エネルギー量が大きくなればなるほど、その変化《へんか》のダイバーシティ（多様性）が高くなってくるようです。

霊を明確に認識できるようになるためには段階がある

地上で修行して、「悟《さと》りを開いた」とか、「霊道《れいどう》を開いた」などと言っても、このあたりのことをつかむのは、かなり困難なのではないかと思います。

私でも、段階はけっこうありました。初期の、まだ教団を立ち上げる前の段階あたりでは、「天上界《てんじょうかい》にいる高級霊を呼んで霊言する」というかたちではやっていましたが、やはり「個体認識」のほうが強かったような気がします。「そういう個性ある魂がいて、それが来て語っている」という認識が多かったと思うのです。

そのうち、だんだん、もう少し進んでくると、いろいろな霊が来るけれども、「これが誰《だれ》の守護霊か」というところまで分かるようになってきました。そこまで行くのに、霊道を開いてから十四、五年はかかっているかと思います。

それは、総本山《そうほんざん》をつくったあたりです。宇都宮《うつのみや》に総本山をつくり、宗教施設《しせつ》等をつくって、それなりの構えができてきたあたりから、来ている霊の明確化、すなわち、「何が、今、どういう立場で来ているのか」というようなことが、かなりよく分かるようになりました。

その後は、生きている人の生霊《いきりょう》のようなものも、よく分かるようになってきました。〝霊界に鎮座《ちんざ》まします守護霊様〟が来て話をしている場合もあるけれども、地上に生きている本人が強く思っているので、守護霊がその念とジョイントして加わるかたちで意見を言ってくるような場合も、よく分かるようになったのです。

〝守護霊縛《しば》り〟や〝生霊鎮《しず》め〟の術とは

ただ、だんだんと、不成仏霊《ふじょうぶつれい》などが来にくくなってき始めたあたりで、それと交代するかのように、職員の生霊がよく来るようになってき始めました。

そのため、宗務《しゅうむ》本部では、〝守護霊縛《しば》り〟や〝生霊鎮《しず》め〟の術をマスターしないと存在できないようになっていったのです。

宗務本部のなかにいて、私の近場で護《まも》っているような人たちが、みな、電話をかけるような感じで、コンコンと来て意見を言ってくると、うるさくてしかたがなく、いろいろなものに支障が出るので、宗務本部に長くいられるような人は、〝自分の守護霊縛り〟等をできる人が多くなってきていると思います。おそらく、そうなっているでしょう。

総合本部のほうも多少進んできて、だんだんそうなってきてはいるのですが、まだそこまで意識が行っていない人も、一部いることはいます。

そのため、そういうかたちで〝霊的にうるさい〟ような人とは少し遠めの距離《きょり》を取ることが多いのです。直接にはつながらずに間に人が入っていて、この世的にはその人を通さないと上に話がつながらない感じにしておくと、「そこを通さなくてはいけない」と思うので、やはりほかの人がいることを気にするようなことはあるようです。

例えば、総合本部に理事長を置いておけば、理事長を通さないと上に伝えられない内容の話の場合、いちおうそれを意識して、そこから上へは来ないことはあるようです。

あとは、私が個人的に知っている人になってくると、それらを〝すっ飛ばして〟来る場合もあることはあります。

最初のころは、みな、もう少し用心深くやっていたことも多いのですが、「はっきり意見を伝えられる」ということが分かると、けっこうよく来るようになりました。例えば、人事に不満があったら、「そろそろ場所を替《か》えてほしい」などと、いろいろと言ってくるようなこともあって、本人が注意をされるようなこともありました。

教団職員の守護霊の秘匿《ひとく》霊言は非常に多くある

昔は、ある人の守護霊が来たら、証拠《しょうこ》として、その守護霊が言っていることを紙一枚ぐらいに自動書記で書いて、「○○さんの守護霊が、こういうことを言ってきました」と、総合本部にファクスで送っていました。

職員にとっては、それがものすごく怖《こわ》いらしく、「勘弁《かんべん》してくれ」と思うことがけっこう多かったようです。「自分の守護霊がこういうことを言ってきた」ということを、ほかの人に読まれるのが恥《は》ずかしいわけです。

一枚ぐらいの紙を送っただけでも、それが職員研修で使われたりして、「何々、○○さんの守護霊は、こんなことを考えているのか。まことにけしからん」という感じで公開裁判のようになってしまうため、「これは、たまらない」ということなのです。

自分にちょっと欲があるところが、守護霊の意見のなかに垣間《かいま》見えたりすると、「ああ、私を北海道へ行かせてください」「沖縄《おきなわ》へ行かせてください」などと本人が申告してきたりすることもありました。

「あれだけは勘弁してほしい」という人は多かったのです。

最近は、もう少しはっきりと、守護霊の意見をレコーダーに録《と》られてしまうことも多く、それを総合本部の執行部《しっこうぶ》が聴《き》いたり、あるいは、「本人にも聴かせたほうがよい」と思う場合には聴かせたりすることもあります。

レコーダーに録ったものを活字に起こして公開する場合もあるのですが、公開できないような個人的な内容のものもかなり多いことは多いので、公開せずにファイリングされている「秘匿《ひとく》霊言」というのは非常に多くあります。

ただ、あまりにもしつこい場合は、それを止めなくてはいけないので、「これは職員に聴かせようか」という感じで、職員限定や、あるいは管理職以上限定ということで聴かせることもあります。本人の「表面意識」のほうがそれを認識すると、「これはいけない」と思い、発信が止まってくることがあるので、そういうことをするのです。

思っていることを出されると、たいてい恥《はじ》をかくことが多いので、そうとう動《どう》揺《よう》したり立腹したりしますし、意見を言うような人も出てきます。

守護霊が言っていることまで立派だった場合は、みな、「ほう」という感じになるのですが、たいていの場合は組合の要求のような感じで、「何かをしてほしい」というものが多いです。

その人の守護霊や生霊が来ても、こちらはもうずっと我慢《がまん》しているのですが、生霊霊言が一人でファイル一冊分ぐらい溜《た》まってくると、「これはもう、そろそろ止めないといけない」ということで公開して、みなに聴いていただいたりします。

そうすると、本人はすごく動揺したり、「こんなはずはない」と言ったりするのですが、「こういうものが、あとファイル一冊あるのだけれども、全部同じようなことを言っている」と言われたりします。それだけあるなかの一つだけを聴かせたりしているのですが、なかなか分からないことは多いのです。

表面意識と潜在《せんざい》意識が一致《いっち》しているかどうか

なぜ、そういうところまでチェックするかというと、結局、「悟り」のところです。「本当に悟っているかどうか」ということです。

生きている本人の表面意識だけをうまく取り繕《つくろ》い、「口から出る言葉だけをうまく言ったり、態度をそれらしく見せたりしたら、分からないだろう」と思っている人は、わりあい多いのですが、普《ふ》通《つう》の社会と違って、宗教団体のなかの場合は〝ガラス張り〟になるというか、「心のなかまで見られても大丈夫《だいじょうぶ》かどうか」

ということも、けっこう大きいことなのです。

ですから、「口で言っていること」と「潜在《せんざい》意識が言ってきていること」に大きな乖離《かいり》がある場合は、やはり、まだ本人が悟っているとは認めにくい部分が多いということです。

「ほとんど百パーセント一致《いっち》する」という場合もありますが、教団のなかにいる人だけではなく、外にいる人でも、意外に全部一致する場合と、かなり距離がある場合との両方があるので、このへんは難しいところです。

自分の守護霊の意見を読んで喜び、「ああ、そのとおりだなあ」と思う人もいれば、「いや、こんなことは思っていないし、言っていない」と言う人もいますが、後者の場合、表面意識と潜在意識にまだ乖離がそうとうあるということです。

やはり、肉体を持って生活していると、「自分の頭で考えていることが自分だ」と思っている人が多いので、そのへんは非常に難しいのです。

ですから、両面が出てきます。極端《きょくたん》に違う場合もあれば、ほとんど一緒《いっしょ》の場合もあるのです。

例えば、アニメーション映画「君の名は。」の新海誠監督《しんかいまことかんとく》は、当会が監督の守護霊の霊言を録って支部等で公開したら、ご自身のツイッターで「新海監督の守護霊の霊言が幸福の科学の精舎《しょうじゃ》・支部等で公開されている」ということを出していました。「興味のある方は、どうぞそちらへ観《み》に行ってください」ということでしょう。そのような方もいらっしゃいます。

わりあい、そういうものが好きな方なのだろうと思います。

3　憑依《ひょうい》の原理について

霊《れい》に憑依されると、二人羽織《ににんばおり》のようになる

現実には、守護霊《しゅごれい》というか、魂《たましい》のきょうだいが何体もいて、確かに、時代が違《ちが》うところで存在しているような感じにもなっているので、もしかすると、単に時間軸《じく》をずらしただけで、本当は一緒《いっしょ》のものなのかもしれません。「過去・現在・未来」に、いろいろと一致《いっち》するかたちで出てくるということです。

古代の意識で出てくることもあるけれども、現代的に切り替《か》えようと思えば切り替えられる人もいれば、切り替えができずに、そのまま止まっている人もいるという感じです。

「悟《さと》り」について話すとき、このへんはかなり〝秘伝〟に近い部分であり、そう簡単には伝えられないものです。チャネラーをしていて霊が入ったとしても、このへんの、「いろいろな霊体《れいたい》を見分けていき、その真贋《しんがん》を見ていく。あるいは時代による違い方を見る」ということは、霊界《れいかい》の上層部から地獄界《じごくかい》まで、いろいろな魂があることを考えると、けっこう難しいことなのではないかと思うのです。

ですから、最初に言ったたとえのように、「単体が順番に生まれ変わっているわけではない」ということを、頭のどこかでは思っておいていただければよいかと思います。

ただ、肉体に宿っていると、どうしても、「肉体に宿っている部分が全部だ」と思ってしまうこともあります。

先ほど言った、新海《しんかい》さんの話で言えば、新海さんのファンなどは、霊言《れいげん》とアニメの世界とが一緒になって、「新海さんの魂と大川隆法さんの魂が入れ替わって、何か話をしたらしい」と思ったりしているようです。

映画「君の名は。」は、男の子の魂と女の子の魂が入れ替わる話でした。そういうわけではないのですが、それと同じように思ってしまっている場合もあるのでしょう。

三次元では、同じ所に違うものが同時存在できないのですが、四次元以降の世界では、同じ場所に違うものが同時存在が可能であるので、魂も、同じ所で二重三重に重なることができます。こういうことが、ある意味で、「憑依《ひょうい》の原理」としても存在するわけです。

「本人の魂が、霊子線《れいしせん》が付いたままポコッと体の外へ出て、その体にほかの魂が入って話す」ということのほうが、分かりやすくて理解はしやすいと思いますし、現実にそういうかたちになる場合もあります。

しかし、「本人の魂が存在しながら、それに覆《おお》い被《かぶ》さる感じで魂が二重になり、二人羽織《ににんばおり》のようなかたちで他の魂の意見を伝える」というかたちの霊能力もありえるということです。

本人に意識がない状態で霊言《れいげん》をしたエドガー・ケイシー

「予言者」といわれたアメリカのエドガー・ケイシーは、普段《ふだん》は写真屋をやっていて、日曜日にキリスト教の日曜学校の教師として、子供たちに教えることをボランティア風にやっていたようです。

あるとき、声が出なくなってきて、その治療法《ちりょうほう》が霊界《れいかい》から降ろされたようなかたちになり、それ以降、霊能力を開いたらしいのです。

彼は、「眠《ねむ》れる予言者」といわれていて、「ソファ、あるいはリクライニングの椅子《いす》で瞑想《めいそう》状態に入り、ウトウトして本人の意識がない状態で、いろいろな霊が来て語る」というかたちのチャネリングをしていたようです。

一万数千件もの霊言（リーディング）を記録していて、それらは分類され、研究所のようなものができているようです。

当時は速記か何かを取っていたのだと思うのですが、リーディングのあと、ケイシー本人が起き上がって、自分が話したことを読んでみたら、その内容は本人もびっくりするようなものでした。

キリスト教の日曜学校で教師をやっていたことから見ると、彼は転生輪廻《てんしょうりんね》の思想などは、「これは異端《いたん》だ」と思っていたと思います。キリスト教では異端であり、排斥《はいせき》されていたりします。例えば、グノーシス派が出てきたとき、教会はそういうものを激しく排撃《はいげき》したりしたこともあるのです。

しかし、意識がない状態、本人の表面意識が完全に沈静化《ちんせい》している状態で霊言を録《と》ると、転生輪廻の話がよく出てくるということです。だんだん、アトランティス時代の人の話も出てきて、「アトランティス時代の人が、今来ている××さんに生まれ変わっている」などという話が出てくることが多くなってきました。

表面意識のほうでは、「信じられない」とも思うのですが、客観的証拠《しょうこ》がどんどんどんどん積み上がってきて、あまりの数の多さに、周りの人のほうは、それを信じるような感じになってきたのです。

キリスト教のほうでは、こういうかたちで、エドガー・ケイシーでも表面意識では信じられなかったぐらいなので、転生輪廻を理解させるのはかなり難しいと言えます。過去、迫害《はくがい》したり異端審問《しんもん》をしたりした歴史もそうとうあるため、なかなか難しいようではあります。

悪魔祓《あくまばら》いの前に精神鑑定《かんてい》等を求めるバチカン

あとは、「ホラーもの」の映画を観《み》るかぎり、生きている人間が「霊的なもの」を感じるものとしては、やはり、悪霊《あくれい》の「ポゼッション型」「憑依型」のものは、生々《なまなま》しくリアルに描《えが》かれていますし、現実に出ると言えば出ます。

特に、精神病院などへ行けば、もう本人とは思えないような感じになっている人はいっぱいいいます。ひどい状態になったら、獣《けもの》のようになって飛んだり跳《は》ねたりする人も出てくることはありますし、「自分はこういう者だ」というようなことを一生懸命《いっしょうけんめい》言っている人も、精神病院にはよくいます。そういうことが言われていて、これらは憑依霊によるものが多いとは思います。

ただ、「霊体が入った」ということについて、「嘘《うそ》か本当か」を見破れる場合もあります。ほかの霊体がかかってきている場合も、違う個性ではあるけれども、「人間としての認識」には似たところがあるのです。

例えば、馬の絵を描《か》いたとき、足が五本ある絵を描いたりするのはおかしいわけです。普通はそういうことはなく、ちゃんと四本足のものを描くので、そういうデタラメな絵を描くようだと、「これはちょっとおかしい」ということになります。

バチカン等も、エクソシストが悪魔祓《あくまばら》いをする場合、「悪霊《あくりょう》、悪魔の憑依かどうか」を調べるために、まずは病院で精神鑑定《かんてい》をしてもらい、「病気」という範《はん》疇《ちゅう》なら、入院して薬を処方してもらったりさせるというかたちで、数をかなり減らしてはいるようです。

また、「病気ではない」ということであっても、「霊が憑《つ》いている」ということの何か証明が必要になります。その証明までしたら、いよいよ、「引き受ける人がいるかどうか」ということになり、そう多くない数ですが、エクソシストによる悪魔祓いをやっているようです。

「悪魔祓いをやってほしい」という申請《しんせい》は年間五十万件もあるとのことですが、確かに、「五十万件も悪魔がいろいろなところに憑いて出ている」というのでは、数がちょっと多すぎます。

単なる精神病や精神錯乱《さくらん》の場合もあるので、それの仕分けをしなくてはいけないところがあるのだと思いますが、現実には、「労力はすごくかかるけれども、簡単ではない」というのが真実です。

ホラー映画などの悪魔表現には過剰《かじょう》な演出が多い

ホラー映画などでは、悪魔等を表現するのに、ものすごく過激で過剰《かじょう》な演出をするのですが、「あそこまではありませんよ」ということを、私も感じてはいます。

例えば、「五寸釘《くぎ》のようなものをたくさん吐《は》く」とか、「口から蛆虫《うじむし》のようなものの固まりをワアーッと吐く」とか、「そら豆のスープのような緑色の液体を吐く」とか、「ハエが鼻の穴から入って、もう一方の穴から出てくる」とか、「首が三百六十度回る」というのもよくありますし、「壁《かべ》から天井《てんじょう》にへばりつく」

などというものもあります。

しかし、よほどのことがないと、そこまでの物理現象は、めったに起きないのではないかと思います。

「ポルターガイスト」なども言われてはいますが、それも映画などではやや大げさに描《えが》かれすぎています。あそこまで、この世での物理力を発揮するのは、そう簡単ではないのです。

思想的に日本の幽霊《ゆうれい》には足がないのですが、向こう（西洋）では、足の付いている人間が土葬《どそう》されているので、どちらかといえば、ドラキュラにしてもゾンビにしても、そのまま蘇《よみがえ》るようなイメージが強く、物理的暴力を振《ふ》るってくるような描き方がやや多いように思います。

「霊視《れいし》」というかたちで霊が視《み》えることはありますし、霊視ではなく、物質化現象的に存在するかたちで、複数の人に視えることもたまにあるのですが、物理的な現象の描き方は、やや、やりすぎているかなと思います。

ただ、霊の性質にもよりますが、「戸棚《とだな》から本が落ちる」とか、「パチッと音が鳴る」とか、「電球が切れる」とか、こんなことは確かにあります。「窓を閉めているのにカーテンが動く」など、このレベルのことはあるかもしれませんが、やや過剰に描きすぎています。この世は地獄に近いと言えば近いのですが、映画などでは地獄のほうにやや近い表現になっているのです。

4　霊界《れいかい》の構造について

霊界の次元構造を明確に描《えが》いた『太陽の法』は革命的な本

私のほうは、『太陽の法』を出してから、天上界《てんじょうかい》についてはかなり整然とした世界を描《えが》いているので、ある意味で、あれは革命的な本だったのかもしれません。

ミュージシャンの河口《かわぐち》純《じゅん》之《の》助《すけ》さんは、一九九〇年ぐらいに『太陽の法』を読み、「これこそロックだ。真のパンクだ。いや、パンクの十万倍すごいことだ」というように感じ、「ミュージシャンをやめて、これを伝道しなくてはいけない」ということを思ったそうです。そういう話を仄聞《そくぶん》したことがある

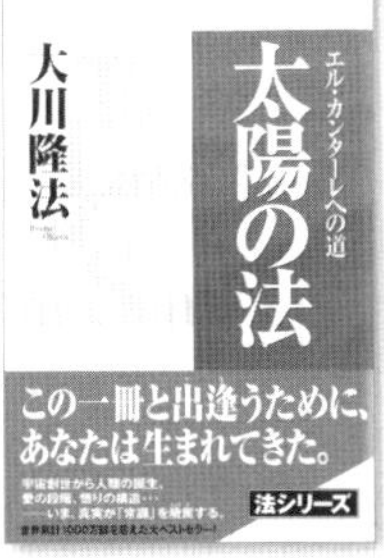

『太陽の法』（幸福の科学出版刊）

のですが、ある意味では、そうかもしれません。

霊界《れいかい》を描く場合、天国と地獄《じごく》が拮抗《きっこう》しているように描いたり、地獄のほうが霊界のほとんどであるように見えたりするものも多いのです。

しかし、『太陽の法』では、「三次元世界があり、この三次元の地上に執着《しゅうちゃく》しているような霊が地獄には多いので、そういう霊は地上界に出てきやすいけれども、地獄は四次元界の下層部分である。四次元界にも、天上界の始まりの部分である精霊界《せいれいかい》があり、それから、五次元、六次元、七次元、八次元、九次元と、上の世界があって、地獄は大きな霊層《れいそう》のなかの一部なのだ」というような言い方をしています。

地獄は、レントゲン写真を撮《と》れば皮下脂肪《ひかしぼう》として写っているようなところでしょうか。こういう捉《とら》え方は極《きわ》めて珍《めずら》しいものかもしれません。

「天狗界《てんぐかい》」「仙人界《せんにんかい》」「妖怪世界《ようかい》」等の様相

最近は、普通《ふつう》の霊界以外の「天狗界《てんぐかい》」や「仙人界《せんにんかい》」、「妖怪世界《ようかい》」のようなものや、「龍神《りゅうじん》もいる」ということも出てきています。日本霊界においては、意外に、こちらのパーセンテージが高いということです。

そのため、西洋霊界とは少し違《ちが》います。

西洋霊界でも、似たようなものとしては、妖精やゴブリン、モンスターのようなものもいるので、その世界に匹敵《ひってき》するのかもしれませんが、日本霊界に特別にあるようではあります。

日本には山が多いため、山岳修行《さんがくしゅぎょう》をした人が多かったということもありますし、教えの部分がやや不足していて、超能力《ちょうのうりょく》的なものに関心を持った人が多かったということもあるのかもしれません。

日本で「神」を名乗っているもののなかには、「天狗」といわれるものが非常に多くいます。英語では「ロングノーズド・ゴブリン」という言い方もするのですが、あまり海外では聞かないので、日本独自で発達しているものかもしれません。

鼻は長いのですが背中に羽が生《は》えているので、西洋で言うと、これは天使に当たるはずなのですが、天使とは少し違いがあるので、〝島国《しまぐに》〟的に村社会をつくって威張《いば》っている感じが大きかったのでしょうか。

そういう感じの天狗も多くいますし、「妖怪」といわれるような、この世の人をやや脅《おど》かしたりするものも存在します。

それから、龍神のような〝変化形〟です。そういうものも実際に存在するのです。

妖怪は種々いて、狐《きつね》や狸《たぬき》はよく引き合いに出されますが、それが変化したようなものもいます。狸はどちらかというと日本の独特の磁場《じば》を持っていて、狸型の妖怪世界もありますが、狐系には大陸あたりのものがやや多いようです。

「妖狐《ようこ》」ともいわれますが、普通の狐ではなく、仙人修行をしたような狐もいます。狐も人を化《ば》かすわけですが、それは霊界では自由にできることではあるので、「仙人修行をしたような狐は、千年ぐらい力をためると、人間に化けて出てこられたりもする」というような話は、大陸のほうにも朝鮮《ちょうせん》半島にも数多くあり、それが日本にも渡《わた》ってきています。

なかには、「九尾《きゅうび》の狐」のようなものもあり、「尾《お》っぽが九本もある」ということがあります。

例えば、唐《とう》の時代であれば、最盛期の玄宗皇帝《げんそうこうてい》の時代に年若くして后《きさき》になった楊貴妃《ようきひ》には、尻尾《しっぽ》が九本もある「九尾の狐」等が憑《つ》いていたともいわれています。

その憑いていた者といろいろと話をしたことがあるのですが、どうやら、尻尾の数は九本が最高らしいのです。彼らに言わせると、「九本あるというのは、妖怪、妖狐の〝九次元〟なのだ」ということなので、よく言うなとは思います。普通は一本ですけれども、九本あったり、七本あったり、三本あったりと、本数が増えると妖力が増すのだそうです。

九本ぐらいあるものになりますと、普通は「傾国《けいこく》の美女」と言いたいところが、必ずしも美女ではない場合もあるのですが、国の最盛期のときに取り憑いて、それを滅《ほろ》ぼすというような場合があるようです。

過去、そういう例は幾《いく》つかあり、私も霊言《れいげん》等を収録してはいるのですが、こういうものもありうるということです。

未来科学にもつながっていく幸福の科学の霊界観

このように、いろいろなものが働きかけています。そういう意味で、霊界で、そちらの摩訶《まか》不思議なほうにあまり焦点《しょうてん》を合わせすぎると、ドロドロした世界になるので、私のほうは、かなり整然とした世界を霊界として描いているのです。

幸福の科学には、当初から理系の人がよく入ってくる傾向があるのですが、「何次元、何次元」と言っているのが何かスカッとするらしく、それでよく来ていたのです。

確かに、物理学のほうでも、十次元ぐらいまで、あるいはそれ以降の世界もあるらしいということまでは分かっているものの、それがどういう世界なのかが分からないのです。それを描いてみせているので、「何とか、それを科学で証明できないか」と思っているような理系の人も来るだろうと思います。

これについては、意外に、幽霊《ゆうれい》研究をしている人だけでなく、宇宙科学などを研究しているような人も関心は持っているようです。やはり、「そういう異次元世界の部分の何らかの力が働かないと、宇宙間旅行はできないはずだ」と、どうしても考えるのです。

ものすごく速い光の速度で行っても、地球から近いところでも四光年ぐらいはかかります。「光の速度を超《こ》えるような乗り物は開発できない」とアインシュタインは言っているわけですけれども、そんな乗り物に、生き物というか人体状のものが乗って、光の速度で四年もかけて地球まで来られるでしょうか。

もっと行くと、二百万光年とか、何億光年とかいうものもあります。それは、その光が、今、届いているとしても、見ている星は、例えば、三億年前の光が届いているというような感じです。「光の速度で飛んできても、今来るとしたら、三億年前の人が来るのがやっと」ということですから、宇宙船のなかで三億年も生きられるかというと、普通は考えられません。

そのため、「これ以外の宇宙航行のシステムがなければ無理だ」ということを考えると、「異次元航行」ということを、どうしても考えざるをえなくなってくるのです。このあたりの研究は、ＨＳＵ（ハッピー・サイエンス・ユニバーシティ）でもしているとは思いますが、未来科学につながっていくところはあると思います。

「三世《さんぜ》を見通す力」や「パラレルワールドの存在」

私自身も、仏陀《ぶっだ》の「三世《さんぜ》を見通す力」のようなものがあることはあるのですが、「なぜできるのか」と言われると、自分でもよく分からないところはあります。

調べる相手、被験者《ひけんしゃ》のリーディングをするとき、「この人が江戸《えど》時代のとき」とか、「平安時代のとき」とか、「ムー大陸のとき」とかということを私が言い出すわけですが、何百年か前の時間に戻《もど》して、その地域に戻して、それを見てくるように報告するということが、なぜできるのか。これは、時間・空間を超越《ちょうえつ》しているかたちになります。

それから、未来についても、実際には起きていないことであるので、そうなるのかどうかは分からないものの、未来を視《み》てこようと思えば視てくることはできるので、「まだ起こっていないことを、起きたかのように報告ができるというのはどういうことか」ということもあります。

ちなみに、最近のＳＦ系やファンタジー映画のようなものにおいては、「時間を行ったり来たりする」とか、「過去に戻って未来を変える」などというのは、しょっちゅう出てくる手法です。

あるいは、こうしたもの以外にも、「パラレルワールド」の存在のようなものも言われています。「並行宇宙《へいこう》というものがある」ということです。こういうことが漏《も》れてはくるのですが、実際には分かりにくいところがあるのです。

当会の映画で言えば、「ＵＦＯ学園の秘密」（製作総指揮・大川隆法、二〇一五年公開）でも出てきたことはあると思いますが、要は、「自分と同じ者が別の世界にいる」という考えです。それも、霊界にいる霊体《れいたい》ではなく、肉体を持って生活している世界がほかにもあって、例えば、「もう一つの地球が存在して、そこでは、過去の分岐点《ぶんきてん》で違う選択《せんたく》をした場合に起きた世界が展開されている」というようなことが言われているのです。

アメリカ映画でも、そうした、「問題を解決しに、パラレルワールドからやって来る」といったものが描かれたりしています。

このパラレルワールドについては、まだ明確には描き切れないのですが、「どうやら、ある程度、そういう世界はあるらしい」ということは分かっています。「単なる天国・地獄でもない世界がまだあるようだ」ということは分かるのです。

ですから、サッカーボールで言うと、サッカーボールの外側、表面のほうに私たちは生きているのだけれども、この裏側、内側に住んでいるような人がいるのではないかということです。これに行く場合もあります。

ロバート・モンローが体験した体外離脱《りだつ》について

すでに亡《な》くなっていますが、モンロー研究所を設立したロバート・モンローという人は、生前、体外離脱《りだつ》をしていろいろな霊界探訪をしていて、そのなかの一つに、この、もう一つのパラレルワールドに行った記録のようなもののもあることはあります。

彼が体外離脱する場合は、ベッドに寝《ね》ているうちに霊体のほうが浮《う》いてきて、ベッドから転げ落ちるような感じで回転して出ていくらしいのですが、パラレルワールドに行く場合は、普通の霊界に行く場合とはちょっと違っています。「不思議の国のアリス」のようなものでしょうか。穴のようなものが開《あ》いていて、そこから入っていくと、そちらの世界に行ってしまうらしいということを報告はしてきています。

モンロー研究所でも、霊界を、「フォーカス21」だとか、「フォーカス30幾つ」とか、「40幾つ」などと、いろいろ言っていますが、これは、当会で言っているもののどのあたりに当たるのかは分かりません。独特の基準をつくってやっているようで、これがどの程度まで実証されうるのかも分かりません。

また、私も行ったことはないのでよくは知らないのですが、モンロー研究所では、「ヘッドホンをかけて、右の耳と左の耳で四ヘルツぐらい周波数の違う音を聞くと、意識が体外離脱し始める」ということを、大勢の人に経験させているらしいのです。それで、あの世のジャーニー（旅）をして帰ってくるというのですが、どこまで信憑性《しんぴょう》があるのかは、まだ少し分かりません。

この場合は、「いわゆる霊能者である必要はない」ということです。四ヘルツの違いの振動《しんどう》を与《あた》えただけで魂《たましい》が遊離して、彼らが言っている「フォーカス何とか」という霊界の地点に、みなが行けるようになるのかどうかについては、私はよくは分からないのですが、これは「悟《さと》り」とは関係のない世界になると思います。そんなに物理的にやれるのかどうかは、少し分からないところがあります。ただ、創始者のロバート・モンローさんの体外離脱の話などを見ていると、多少、当会の教えと似通《にかよ》った部分もあることはあるので、何らかの体験をしていることは事実なのかなとは思います。

小学校時代に経験した金縛《かなしば》り体験

特に、先ほども述べたように、「ベッドから横回転して脱《ぬ》け出す」というようなことを彼はよく言っているのですが、これは、金縛《かなしば》りのときに逃《のが》れる術とほとんど同じなのです。

みなさんも、夜に寝ているときに金縛りを受けて体が動かず、手足も硬直《こうちょく》して動かなくて、布団《ふとん》から出られない、ベッドから出られないという経験があるかもしれません。また、私も経験があるのですが、金縛り中に上から何かがのしかかってきて、「手が見える」とか「顔が見える」という人もいます。のしかかってくるような状態なので動けず、脂汗《あぶらあせ》が出るような感じのこともあると思います。

私がそれを経験したのは小学生のときでした。今はありませんが、当時、私の生家には木造の古い二階建ての離《はな》れがあり、小学校四年、五年、六年と、そこの南の部屋を私の勉強部屋に使っていて、夜、ご飯《はん》を食べたあとは、そこに行って勉強をして、寝泊《ねと》まりしていたのです。

ただ、記憶《きおく》しているのは夜ではなかったので、金縛りに遭《あ》ったのは、おそらく、土日か休日だったのではないかと思います。

夕方ごろに仮眠《かみん》を取っていたのだと思うのですが、布団のなかに入って寝ていると、胸が押《お》される感じがするので、「何かな」と思って見たら、黒い手が二本出ていて、私の胸を押している感じになっていたのです。明らかにのしかかっているので体が動かず、「これはどうしたらいいかな」ということで、ウンウン言って何とかして動かそうとするのですが、どうしても動かないわけです。いろいろと試《ため》してみたけれども動かないので、最後に、右側に体を回転させるような感じでねじりを入れたところ、初めて布団から転がり出て、金縛りが解けました。そのような経験が、小学校のときにあったのです。

そういうかたちで、「体を少しよじって出る。金縛りを解く」ということを経験した人は、ほかにもいるようなので、この方法はわりあいあるようです。

いずれにせよ、私自身もそういう経験をしたことがあるので、モンローさんの体験などを見ると、懐《なつ》かしい感じがあったのは覚えています。

とにかく、「悟り」ということに関しては、単に理系的に、理論的にのみ言えるわけではなく、さまざまな体験を通して、その経験知が増えないと分からないことはとても多いので、極《きわ》めて難しいと思います。

5　霊能力《れいのうりょく》のコントロールについて

一般《いっぱん》の不成仏霊《ふじょうぶつ》は、私のところには来られない

では、私も、いつもいろいろな霊《れい》が来てばかりで大変かといったら、そんなことはありません。霊を呼ぶときなどは、だいたい指定制で呼んでいるし、あるいは、こちらが指定しなくても、あちらに強い用があった場合には、おそらくは、霊界《れいかい》でのある程度の容認があるのだろうと思います。ですから、「有名な方で、亡《な》くなってしばらくしたら来る」というようなことはありますけれども、それ以外は、普通《ふつう》に道を歩いていても来ることはありません。

私が住んでいるあたりは、神社仏閣《ぶっかく》が多い所ですし、寺町なので、死んだ人の

お墓《はか》などがたくさんあります。二十年ぐらい住んでいて、近くにお墓がたくさんあるのですが、そのお墓に葬《ほうむ》られている一般《いっぱん》の人の霊が来るということは、二十年間でゼロです。一度もありません。こういう場合は、おそらくは「結界《けっかい》」が張られているので、通常の霊は入れないのでしょう。

用があって呼んでいる光の天使などは来られるし、それ以外の地獄《じごく》霊や悪魔《あくま》であっても、重要な仕事をしていて何か意見があるようなときは来る場合もあるし、地上に生きている人の守護霊《しゅごれい》でも、公的な存在の場合は呼べたりはしますが、普通の人たちは来ません。道を歩いていても来ないので、あちらからどう見えているのかは分かりませんが、私が怖《こわ》いのかもしれないとは思います。

ホラーものなどを観《み》ると、悪霊《あくりょう》のほうが強すぎて、ガンガンに物理能力を発揮して地上の人を翻弄《ほんろう》しています。ただ、多少、力関係もあるのかもしれないけれども、普通の霊の場合は、怖くて近寄ってこないのではないかと思うのです。

親戚《しんせき》のおじが亡くなったときも、おじの霊はまったく来なかったのですが、かなりの年数がたってから接触《せっしょく》する機会があったので、どうして来ないのかを訊《き》いてみたところ、「周りに本当に光のドームのようなものがかかっていて、姿が見えないのだ」と言っていました。「姿が見えないので近寄れないのだ。どこにいるか分からない状態なのだ」というようなことを言っていたので、ある程度、そういうかたちでの護《まも》り方があるのかなと思います。

日本の街を歩いていても、別に不成仏《ふじょうぶつ》霊がいきなり来るようなことはないし、ドイツに行ったときも、ベルリンなどは先の戦争で大勢の人が死んでいるはずですが、ホテルに数日滞在《たいざい》していても、特に来はしませんでした。ただ、宇宙人は来ています。ＵＦＯは見えて、なかにいる人と交信したりはしましたが、先の戦争の最後のほうではドイツで大勢死んでいるにもかかわらず、別に死んだ人は来なかったのです。

では、アメリカのニューヨークに行ったときには来たかというと、向こうで死んだ一般の人たちと話をした経験はまったくないので、やはり来ないということです。なぜ来ないのかは分からないのですが、ちょっと近寄りがたいものがあるのでしょうか。名前のあるような人を呼んだりすれば、日本からでもちゃんと来るし、関係のある者についてはくることもありますが、普通の不成仏霊といったもののあたりはかかってこないということです。そういうことはあります。

このへんについては、向こうからはどういう見え方をしているのかは分かりません。

霊現象には、普通《ふつう》は七転八倒《しちてんばっとう》するような苦しみを伴《ともな》う

総合本部などでも、霊現象をよく行《おこな》っていますけれども、私があまりにも簡単にするものだから、みな、やや甘《あま》く見ている面もあるのかもしれません。

弟子《でし》のなかにも、霊がかかってくるタイプの人は十数名ぐらいはいると思いますが、ほかの人に霊がかかってきた場合には、わりと何時間もかかって、みなでウンウン言って追い出したりしていることもあり、そちらのほうが普通《ふつう》なのです。たまに、地方の霊能者等がお祓《はら》いをしたり、霊を入れてしゃべらせたりしているのを見ても、二時間ぐらい脂汗《あぶらあせ》をかいて七転八倒《しちてんばっとう》しているようなシーンもあるので、それが普通なのかなと思います。

普通ではないようになるには、できるだけ、心の統一の訓練をし、常に透明感《とうめい》のある生き方をして、天上界《てんじょうかい》と同通しているような気持ちを持っていることが大事なのではないかと思います。

「波長同通《はちょうどうつう》の法則」等もありますが、要するに、私の場合は、常時、天上界の九次元界あたりから高次元までつながっている状態になってはいるので、おそらく、ある意味では、光の柱のようなものが常に上に立っている状態になっていて、普通の霊はそんなに簡単にはかかってこられないのだろうと思います。

外国の元首クラスの人を呼んで霊言《れいげん》を行っても、呼ぶときも数秒で来ますけれども、帰ってもらうときも、数秒で簡単に帰ってもらっています。彼らは念力《ねんりき》的なものがものすごく強いのではないかと思うので、普通はそれほど簡単ではないのかもしれませんが、やはり、霊団《れいだん》と教団の人たちの結界でそうとう護られてはいるので、彼らも、そう自由にはできないのだろうと思うのです。

幻覚《げんかく》のように何かが現れてくるというブードゥー教の霊現象

最近は、ホラー映画なども少し研究しているのですが、いろいろなものがたくさん出てくるので、ほかの国の恐《おそ》ろしげな悪魔や霊能者などが出てきてやっているのを見ると、「他の外国のものと〝異種格闘技戦《かくとうぎ》〟をしたら、どのくらいの感じになるのだろうか」と思ったりはします。

当会の信者が多いところでも、ウガンダなどに行くと、隣《となり》のベナンという国はブードゥー教が国教だというので、いつかは行かなければいけないとは思っています。

国教がブードゥー教というのは、どうなのでしょうか。国教にするぐらいですから、なかではうまくいっているのでしょうか。また、アメリカの下のカリブ湾《わん》のあたりにあるハイチなどでも、ブードゥー教が信仰《しんこう》されていたと思います。

ブードゥー教の術を使う人たちについて、読んだり、聞いたり、見たりすると、「幻覚《げんかく》でも見るかのように、何かが現れてくる」といったことはそうとう言っていて、それは確かに、ホラーに描《えが》かれているようなものです。蛇《へび》がたくさん出てきたり、コウモリが飛んだり、ハチやハエが飛んだりする、あるいは骸骨《がいこつ》のようなものがたくさん見えたりするなど、呪《のろ》いのホーンテッド・ハウスのような感じになるらしいということは聞くのですが、霊視《れいし》でそれらが視えているのか、あるいは、物理的にそのような現象としてまで出てくるのかは、よく分からないのです。

ただ、私は、ルシフェルなどの地獄界のトップクラスまで相手にはしていて、そのあたりと普通に話はしているので、それ以外のものは、地獄霊といっても、私と会った場合は何もできないのではないかとは思っています。

とにかく、二十年間、近所のお墓からは誰《だれ》も来ないし、以前、五反田《ごたんだ》近辺のマンションに住んでいたときも、引っ越《こ》して部屋に入った日の夜に、一度来ただけです。私は見学に行ったことはないのですが、五反田という場所は風俗《ふうぞく》店などもあるらしいので、引っ越した日の夜に一度だけ、色情《しきじょう》霊かなと思うものが来たことがあるぐらいで、それ以外に、地縛《じばく》霊風のものが来たことは一度もありません。たいていの場合、何か縁故《えんこ》がなければ、つながらない状態なのではないかと思います。

霊道《れいどう》を開いたときに自分を護《まも》るのは信仰心

また、弟子の場合は、霊道《れいどう》を開くことが最終ではありません。霊道を開いて霊が入り始めても、さまざまなものを入れているうちに、だんだん〝穴が大きくなって〟きて、いろいろと入りやすくなってくることもあるので、「精神統一をいかにきっちりとやるか」ということは、ものすごく大事なことになります。

常に、上段階霊と通じるぐらいでなければ駄目《だめ》だし、自分の守護霊あたりが出《で》入《い》りするのが普通だろうとは思いますが、守護霊と話しているつもりが、だんだんと違《ちが》うものに入れ替《か》わってくるということも、本当によくあります。これは本当に怖いことなのです。

したがって、霊道が開《ひら》いてしまう場合はしかたがないのですが、それからあと、自分を磨《みが》いて自制していくことが大事だと思うのです。霊的に敏感《びんかん》になって、入りやすくなればなるほど、自分自身を慎《つつし》んだり、修行《しゅぎょう》したり、教学したりする時間を持たないと、うまくいかないと思います。

特に、信仰心を失っている場合は、もう止まりません。歯止めが利《き》かなくて、護《まも》れない状況《じょうきょう》になります。信仰心が薄《うす》い人は、やはり弱いのです。

なぜか、そういう人でも、体質によっては霊道を開く場合があるのですが、信仰心は自分を護るものでもあるのです。信仰心を通じて神とも通じているし、教団のいろいろな人たちとも通じていて、サンガ全体とつながることで護られているところはあると思います。

したがって、信仰心が薄いということは、やはり恥《は》じるべきことであり、自分を護れないのは自業自得《じごうじとく》でしょう。

天狗《てんぐ》系の魂《たましい》に必要な「謙虚《けんきょ》さ、従順《じゅうじゅん》さ、信仰心」

それから、先ほども述べたように、守護霊や高級霊と話しているつもりでいたのが、だんだん入れ替わってくることもあります。一カ月もしたら入れ替わることは多いのですが、その場合は、教学をちゃんとしていることが大事です。

そして、いちばん恐れるべきは「慢心《まんしん》」です。うぬぼれの心を持っていると、警戒心《けいかいしん》とか、慎重《しんちょう》さとかがなくなってくるので、入っているものに乗っ取られてきても、もう分からなくなってくることがあります。

特に、「天狗《てんぐ》系の魂《たましい》で、守護霊も天狗」とかいう場合だと、すごくうぬぼれているので、他人《ひと》の意見をあまりきかなかったり、教学をしてもそれほど効かなかったりして、勝手に自分で自分自身への信仰心を立ててしまうようなケースが多いのです。

こういう場合は、もう本当に護れないことがあります。

天狗は、自然霊とか精霊《せいれい》とかの一つだとも言われてはいますが、仏道《ぶつどう》修行などでは、「魔道《まどう》に堕《お》ちた状態」と言われることも多いのです。

実際、修行をやっていて、いろいろな神通力《じんつうりき》がついてくることがあります。

例えば、「物当《ものあ》て」のようなもので、「失《う》せ物、なくしたものは、どこそこにある」とか、「あの人は一カ月後ぐらいに死ぬ」とか、「あなたのいなくなった娘《むすめ》さんは、今、どこそこで働いている」とか、そういうことが分かったりするような超能力《ちょうのうりょく》が出てくる場合もあります。

そういう超能力は、天狗や仙人《せんにん》、妖怪《ようかい》なども持っていることはあるのですが、あまりうぬぼれすぎると、少しずつズレてき始めたりすることがあるので、ちょっと気をつけてほしいと思います。

私は、「謙虚《けんきょ》さや従順《じゅうじゅん》さも持っていないと駄目《だめ》だ」とよく言っていますし、三《さん》宝帰依《ぽうきえ》、すなわち、「仏《ぶっ》・法《ぽう》・僧《そう》に帰依しなさい」とも言っていますが、これは、単に縛《しば》りをかけているだけではなくて、信仰心と一体であることと同時に、謙虚さや従順さも持っていないと、天上界の霊が護り続けられないことがあるからなのです。

うぬぼれ天狗になっている場合は、暴走し始めたら止まらないことがあります。「自分は賢《かしこ》い」とか、「自分は超能力を持っていて特別だ」とか、あまり思いすぎていると、だいたい、他人の意見はきかないし、自分が興味・関心があったり、好きだったりするようなことをめがけて突進《とっしん》していくので、止められないことがあるのです。

そういう場合は、高転びして失敗する以外に、もう方法がありません。挫折《ざせつ》、失敗するところまで必ず行きます。

しかし、そうなってもすぐに反省しないところが、また天狗系の人たちの特徴《とくちょう》なので、何度か失敗したら、少しずつ反省する習慣をつけたらよいと思います。

「魔界転生《まかいてんしょう》」は本当にあるのか

天狗は、そうした「超能力」や「パワー」に関心が強いのです。

一方、仙人というのは、それほどの自己顕示欲《けんじよく》はなく、どちらかといえば、人から離《はな》れて修行したいような人のほうが多いので、ヨーガ系統などに、そういう人は多くいます。

やはり、超能力のようなものが出てはきますが、この世のことのほうは、俗塵《ぞくじん》は避《さ》けたいという気《け》があって、やや世事《せじ》に疎《うと》いというか、世間解《せけんげ》がない人が多いので、このへんについても、少し気をつけないといけないところでしょうか。

彼らは霊的なものがとても好きなので、霊好きで来る場合は、仙人なども多いのです。

また、妖怪というものもいます。

このへんについては、地獄界の者との区別は極《きわ》めて難しいのですが、「魔界《まかい》」といわれるような所に、地獄でも天国でもないような「中間帯」が、一部あるようなのです。

普通は、ずばりの地獄から生まれ変わってくることは、ほぼありません。それができるのであれば、地獄の苦しみから逃《のが》れるためには、生まれ変わればよいことになります。母親に宿って生まれ変われば逃れられるので、そうするはずですが、普通は、それは、なかなか許可はされていないのです。

ただし、この「魔界」といわれるあたりの世界で、天国霊と地獄霊の両方の要素を兼《か》ね備えている部分がある世界の一部からは、転生《てんしょう》があるようです。角川映画の宣伝をしているように感じるかもしれませんが、どうやら、「魔界転生」は一部あるらしいということです。

そうした、天狗・仙人や妖怪といったものの要素を持った人も、一部、この世に生まれている場合はあるようです。

あるいは、魂のきょうだい的に見て、「全員がそうではなくて、ほかの人はノーマルだけれども、一部が、この世での経験を通して、天狗や仙人、妖怪などになっている」というような場合もあることも、斟酌《しんしゃく》されるのかもしれません。

超能力系のなかには、そういう系統の人も、一部生まれてきているようには思います。

そういう人たちは、宗教や霊能力等について、間違った使い方をしていると、地獄の本当に底のほうまでつながってしまう可能性は極めて高いので、気をつけなければいけません。

「悟《さと》り」には「霊能力」を伴《ともな》うことが多い

なぜ、こういう話をしているかというと、やはり、「悟《さと》り」を開いたあとに、「霊能力」を伴《ともな》うことが多いことは多いからです。

例えば、『太陽の法』（前掲《ぜんけい》）などにも書いてあるように、「観自在《かんじざい》」といった境地もあります。千手観音《せんじゅかんのん》のようなものはよく言われていますし、映画で言うと、「スーパーマン」などがそうでしょう。スーパーマンが成層圏外《せいそうけんがい》に出て耳を澄《す》ますと、地球中のありとあらゆるところから、いろいろな人の助けを求める声などが聞こえてきたりするシーンがあったと思うのですが、ああいうものは、「千手《せんじゅ》千眼《せんげん》能力」と同じです。世界中の苦しんでいる人について、見たり聞いたりできるということです。

私もその能力は持っていて、日本にいながら、世界各地で起きているいろいろなことを、「天眼通《てんげんつう》」というか、「観自在能力」で視たりすることはあるし、霊を呼んで、聞いたりすることもあります。

このへんについては、地上の原理とはちょっと違うので、分からないかもしれません。

また、「如心《にょしん》」や「観自在」もあれば、それよりもっと上の能力もあります。もっと上の能力まで行くと、「神仏の持っている未来計画」まで視えたりするようになるし、観自在とも関連はしますが、宇宙のほかの星で起きていることが視えるところまで行くようになることもあるのです。そういうものが付随《ふずい》してくることもあります。

霊能力を得た人が常にチェックすべきポイントとは

ただ、注文としてつけておきたいのは、「悟りに付随して、そういう能力がついてくるけれども、この地上界には間違った霊がたくさんさまよってはいるので、そうした霊に迷わされないように気をつけないといけない」ということです。

悟りを開き、そういう超能力のようなものが身についたと思った段階で、「人間として、おかしくなっていないかどうか」というチェックを、常に、自分もしなければいけないし、周りの人もしなければいけないと思うのです。

悟りを開いたという人が、奇行《きこう》が多くて、「普通は、こんなことはしないよね」とか、「人間としては恥ずかしいね。こんなことはできないね」というようなことをたくさんするようであれば、やはり、おかしいということ、悪い霊に取り憑《つ》かれていることのほうが多くなっているということです。

ですから、「人間として真っ当な生き方ができるかどうか」ということです。

また、霊能者が宗教を起こす場合も多く、「正しい宗教かどうか」を見分けるのは難しいものですが、霊能者教祖、あるいは、それに近い立場になる人が、もし間違った邪霊《じゃれい》などに支配されるようになってくると、やはり言行《げんこう》がおかしくなってきます。

教団となると、「運営」が出てきますが、やはり、「一定の大きさの教団を運営できるかどうか」というのも、試《ため》しは試しなのです。この世的な知識や経験、判断力等が正常でないと、運営しているとおかしいことをたくさんし始めるので、このへんのところを見れば、確かめられるでしょう。

幸福の科学でも、三十数年運営していて、「ある程度、この世的な常識のルールは守れるという範囲《はんい》内で、生活して、活動しながら、超能力的なものも一部使っている」といったかたちを取っています。このへんについての理解は必要なのではないかと思います。

もちろん、いくら努力しても、理解できないという人は、この世的にはいることはいるので、これについては、縁なき衆生《しゅじょう》の場合もあるし、その人にまだ「そのとき」が来ていないという場合もあります。やはり、「経験しないことは分からない」ということもあるでしょう。

政治思想的に見れば、当会に近いと思われるような、保守系の雑誌等を出しているような人のなかにも、やはり、「霊能力のところは、なかなか信じられない」という人もいることはいます。「たくさん勉強して、書いているのだろう」と思っているような人もいるわけです。

6　幸福の科学の霊言《れいげん》の影響力《えいきょうりょく》について

何百回となく重ねてきた霊言の「筋《すじ》」を見てほしい

本章の説法《せっぽう》をした日の産経新聞の朝刊には、五段抜《ぬ》きで、『断末魔《だんまつま》の文在寅《ムンジェイン》　韓国《かんこく》大統領守護霊《しゅごれい》の霊言《れいげん》』（幸福の科学出版刊）という本の広告が出ていました。

「守護霊の霊言」という言葉が最後に来てはいるものの、「断末魔の文在寅」のほうが大きく出ていると、みな、「そういう議論を書いて、本にしているのかな」と思ってしまう面もあるとは思うのですが、これは「守護霊の霊言」です。

2019年9月6日付産経新聞に掲載された『断末魔の文在寅 韓国大統領守護霊の霊言』（幸福の科学出版刊）の広告。

これについては、過去に何百回となく重ねてきたものを見て、その「筋《すじ》」を見ていただきたいと思っています。先ほど、「組織の運営ができているかどうかで、狂《くる》っているか狂っていないかが分かる」ということを述べましたが、それと同じように、言論でも、ずっと出てきているものを見なければ、「一定の論理性や善悪の倫理《りんり》観があるか。そうした判断力がかかっているかどうか」ということが分からないのです。

幸福の科学が行《おこな》っている国際情勢についての霊言等は、ほかの宗教家では、普《ふ》通《つう》はできないレベルだろうと思います。そのため、「ここのところは、知識でやっているのではないか」と思っている人も多いとは思うし、確かに、知識・情報面にも関心は持ってはいますが、霊能力を使っているのは事実です。そうでなければ、霊を呼べません。

約八千九百万人に拡散された「アグネス・チョウ氏の守護霊霊言」

あるいは、このような報告も受けました。

以前（二〇一九年九月）、「習近平《しゅうきんぺい》氏の守護霊霊言」と「アグネス・チョウさんの守護霊霊言」とを対比した本を出そうとして霊言を録《と》ったのですが、本が出るより先に幸福実現党の号外が撒《ま》かれたため、中国のほうがその一部を切り取って、「香港《ホンコン》のデモのほうが悪い」というようなかたちで使おうとしたらしいのです。守護霊が霊言で言ったことを、インタビューを受けたアグネス・チョウさんが日本に自衛隊の出動を要請《ようせい》しているかのように切り取って、「日本でこういったものが出ている。彼女は本当に国家の敵だ」という感じのことを、中国のほうが報道したわけです。

『自由のために、戦うべきは今』（幸福の科学出版刊）

その報告を読んだかぎりでは、「中国国営放送のSNSのフォロワー数は約八千九百万人」と書いてあったので、当会から出たものでは、数としてはこれが最大かもしれません。

中国は無神論・唯物論《ゆいぶつろん》のため、「守護霊の霊言」というところは分からないので、もう読み飛ばしてしまっており、「アグネス・チョウが言った」ということにして取り出して、「日本の自衛隊を呼び寄せようとしている」「『アメリカもイギリスも参戦すべきだ』というようなことを言っている。こいつは国賊《こくぞく》だ」といった感じの報道を、批判のために流していたのです。

確かに、「霊界《れいかい》もなく、神もいない」という国是《こくぜ》の国から見れば、守護霊も何もあったものではないので、「本人が言ったのだろう」と思って書いているのでしょう。

そのため、ある意味で事実と同じになってしまったところもあるのですが、

「約八千九百万人への拡散」というのは、当会としてはけっこうなものです。

守護霊霊言を事実として拡散した中国は、墓穴《ぼけつ》を掘《ほ》った？

妙《みょう》なことでどうなるかは分かりませんが、アグネス・チョウさんのほうは、「私はそんなことは言っていません。『私が言った』というものは削除《さくじょ》してください」というようなコメントを出したりしており、両者分かっていない感じの掛《か》け合いをやっています。

アグネス・チョウさんはキリスト教徒だと思いますが、キリスト教徒のほうも、先ほど述べたように、「守護霊」という概念《がいねん》があまりはっきりありません。「ガーディアン・スピリット」という言葉はあるのですが、守護霊がどういう機能をしているのかはよく知らないのです。

そのため、「自分ではなく、守護霊が出向いていって日本で話した」などということは、ちょっと理解不能なのだろうと思います。

一方、中国本土のほうは、そんなことは無視して、「本人の意見だ」ということで、利用するようなかたちでやっています。

そのように、行き違《ちが》いはいろいろとあるかもしれませんが、ある意味では、中国政府のほうが墓穴《ぼけつ》を掘《ほ》ったかもしれません。約八千九百万人に、「アグネス・チョウさんが『日本の自衛隊に来てほしい』と声をかけ、日本がそれに呼応している」というような話を流布《るふ》させたわけです。

そうであるなら、それを読んだ人たちのなかには、「本当だ。日本の自衛隊が来るのかな」とか、「邦人《ほうじん》保護のために、香港までやって来るのかな」とか思う人もたくさんいるはずなので、ある意味で、向こうの思う〝逆〟で、「抑止力《よくしりょく》」になってしまった可能性もあるかもしれないのです。

それについては、反対の意見と賛成の意見との両方が、今後は出てくるだろうとは思います。

ある意味で、当会の霊言などは、ニュースとしては無視されて、黙殺《もくさつ》されるのが普通です。日本では〝ルールとして黙殺されている〟のですが、霊界を認めていない中国だからこそ、要するに、それを言論だと思って、事実として拡散してしまったわけです。結果的には広めてしまうことになったかもしれないので、あちらとしては〝不手際《ふてぎわ》〟なのかもしれません。

どちらに転ぶか分かりませんが、ある意味では、「幸福実現党が存在して活動している」ということを、妙なかたちで証明してしまったことになったかもしれないのです。

初期のころより大きくなっている霊言の影響力

アグネス・チョウさんには、もし迷惑《めいわく》がかかったら申し訳ないとは思うのですが、キリスト教自体に、「守護霊」という認識があまりないのと、私のような霊能者はかなり稀有《けう》な例であるので、ここまでやれることはないのです。

本当は、フェアにやるのであれば、「習近平氏の守護霊は、○○を占領《せんりょう》すると言っている」ということも、もっと拡散してもらわなければいけないのですが、「守護霊」という言葉が落ちたら、「習近平氏が言っている」ということになるので、「習近平氏は、どこでそんなことを言ったのだろうか」と言いながら、ニュースになってしまうようなこともあるわけです。

先ほど述べたように、「文在寅の守護霊霊言」の広告が、産経新聞に五段抜きで載《の》りましたが、百数十万部か二百万部近くは出ているでしょうから、それが公的に出ているので、「守護霊リーディング」や「インタビューのかたちの霊言」でも、実際上、ニュース価値を持ち始めているのかもしれません。世論《せろん》を動かし、未来を動かす力にはなっているかもしれないのです。

多少、反作用や批判等は生むかもしれないけれども、ある意味で、初期の「霊言集」を出したころに比べれば、教団としての実在感や行動感、意見が影響《えいきょう》を与《あた》えつつあるということでもあると思うのです。

安倍《あべ》首相（当時）が、プーチンさんと熱心に二十七回目か何かの会談をして「日露《にちろ》平和条約」を結ぼうとしていましたが、「成果がない」とみなに言われつつ、あれだけしつこくやっているのは、霊言がたくさん出ていることも、裏にはあるのではないかと思うところもあります。

「守護霊インタビュー」や、そういう「霊言」ができるということが事実として受け入れられれば、これもイ

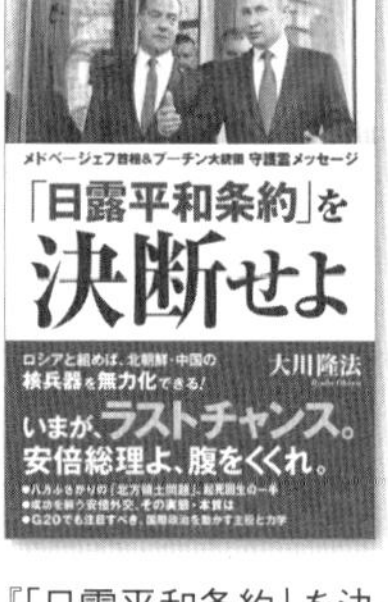

『「日露平和条約」を決断せよ』（幸福の科学出版刊）

『日露平和条約がつくる新・世界秩序　プーチン大統領守護霊 緊急メッセージ』（幸福実現党刊）

『プーチン 日本の政治を叱る』（幸福の科学出版刊）

ンタビューの一つの手法として存在しうることになるわけです。

幸福の科学の霊言は、日本の〝秘密兵器〟？

実際は、旧ソ連、今のロシアもアメリカも、軍事的には、超能力者《ちょうのうりょくしゃ》を通じて情報調査をやっています。軍部に持っているのです。旧ソ連もやっていましたが、アメリカもやっています。

以前、「イラン・イラク戦争」のときだったと思いますが、イランのアメリカ大使館が占拠《せんきょ》されたことがありました。そのときに、人質《ひとじち》がどこにいるかを知るのに、特殊《とくしゅ》部隊が行っていたのですが、失敗していたと思います。

カーター大統領のときだったと思いますが、要するに、大使館の建物の構造図を見た超能力者が、どこで人質が縛《しば》られて隔離《かくり》されているかというのを見て、どこから進入するかを決めるわけです。

空中から降りて人質を救出するのに、どこから襲《おそ》うかというのを、超能力を使ってアメリカもやっていたと言われているのです。

ロシアも数多く、そういうことをやっていました。

実は中国も、霊界や霊は認めないけれども、超能力は認めています。「中国には超能力者がいて、一部で使っている」と言われてはいるので、中国も超能力による情報探査というのはやっているのです。

日本はやっていないかもしれないけれども、ほかはみなやっているので、「日本にもそうした〝秘密兵器〟が出てきているのではないか」と思われているかもしれません。

現実に、各国の大統領などが出てきたときに、守護霊霊言をやってみたら、その後、そのとおりになってくることが多くあります。

『世界皇帝をめざす男』（幸福実現党刊、2010年）

習近平氏も出てきたときは、もう少し穏《おだ》やかで温和な人だという意見が強く、中国は何も変わらないだろうと言われていたのに、「ここまで帝国《ていこく》主義的侵略《しんりゃく》を考えている」ということを、霊言ではもう二〇一〇年ぐらいには、はっきりと言っていたと思います。

それから、二〇〇九年ぐらいには、もう北朝鮮《きたちょうせん》のことも言っており、結果はそのとおりになってきてはいるので、当会の霊言は、ある意味での「日本の防衛力の一部」にはなっているのではないかと思ってはいます。

『中国と習近平に未来はあるか』(幸福実現党刊、2012年)

『金正日守護霊の霊言』(幸福の科学出版刊、2009年)

7 「悟《さと》りを開く」とは、神仏と一体となること

このあたりについては、玉石混交《ぎょくせきこんこう》の世界なので難しいことは難しいのですが、「悟《さと》り」に付随《ふずい》するいろいろな超能力《ちょうのうりょく》もあることはあります。

釈尊《しゃくそん》も、菩提樹下《ぼだいじゅげ》で「三世《さんぜ》を見通す」というようなことをやっています。「天眼通《てんげんつう》」で天界《てんかい》を見通したり、「宿命通《しゅくみょうつう》」で運命を見通したりというようなこともやってはいるので、そうした超能力を得たことは間違《まちが》いありません。

なぜそうなるのかは分かりませんが、「悟りを開く」ということは、肉体を持って生きてはいるけれども、結局、生きながらにして「神」や「仏」といわれる超越的《ちょうえつ》な存在と一体になること、同通することになるので、本来なら神仏が持っ

ているような能力を、その何割かは分からないけれども、生きながらにして持つことになるということでしょう。そういうことがあるということだと思います。

ただ、あまり、そちらのほうに行きすぎてもいけないので、私も、教えのほうもキチッとしなければいけないと思って、やってはいます。

いずれにせよ、そういう世界があるということです。

悟りを開くに当たりまして、この「悟りを開く②」で述べておきたかったのは、次のようなことです。

「悟り」には、そうした超自然的な能力、魂《たましい》のきょうだいの力や、あるいは霊《れい》能力《のうりょく》、観自在《かんじざい》能力等が付随してくることもあるし、また、逆に、悪いものに支配されたり、翻弄《ほんろう》されたりすることもあるので、謙虚《けんきょ》でなければいけないし、「信《しん》仰心《こうしん》」や、やはり、「三宝帰依《さんぽうきえ》」の姿勢は大事だということです。

打たれ強くもならなければいけないと思います。あまり感情の起伏《きふく》が激しすぎると、やはり、霊能者としては駄目《だめ》になる可能性が高いと思うので、そうしたことも老婆心《ろうばしん》ながら付け加えておきます。

なお、「今までの宗教と幸福の科学には、一定の違いがある」ということは、理解しておいてほしいと思いますが、その部分については、何かの宗教を信じているからといって、みなが理解できるわけではありません。それが分かるところまで、やはり、伝道活動等のなかにおいて、説明を加えていく努力も必要だと思っています。

法話《ほうわ》は以上とします。ありがとうございました。

あとがき

霊的世界の不思議は、体験した人が解説するしかあるまい。

たとえ、非科学的で、学問的ではないと批判されようとも、人間には真理を知る権利もあるし、悟りたる者には、真理を伝える義務もあるだろう。「信仰」の力は、学問や科学をも超えるものだ。

本書を熟読することで、信仰を持つ人々をも、変えてゆく力が生まれてくるものと信じる。

説法だけで、二千七百五十冊以上もの本を刊行できる人は、釈尊《しゃくそん》以外にありえないと、ネパール、インドの人々は語っている。
鈍感な日本人も、もう気づいてもよかろう。

二〇二〇年　十一月六日

幸福《こうふく》の科学《かがく》グループ創始者兼総裁《そうししゃけんそうさい》　大川隆法《おおかわりゅうほう》

『悟りを開く』関連書籍

『「日露平和条約」を決断せよ
——メドベージェフ首相&プーチン大統領 守護霊メッセージ——』（同右）
『プーチン 日本の政治を叱る』（同右）
『金正日守護霊の霊言』（同右）
『日露平和条約がつくる新・世界秩序
プーチン大統領守護霊 緊急メッセージ』（大川隆法 著 幸福実現党刊）
『世界皇帝をめざす男——習近平の本心に迫る——』（同右）
『中国と習近平に未来はあるか』（同右）
『アングリマーラ　罪と許しの物語』（大川紫央 著　幸福の科学出版刊）

悟《さと》りを開《ひら》く──過去・現在・未来を見通す力──

2020年11月19日　初版第1刷

著　者　大《おお》川《かわ》隆《りゅう》法《ほう》

発行所　幸福の科学出版株式会社

〒107-0052 東京都港区赤坂2丁目10番8号
TEL(03)5573-7700
https://www.irhpress.co.jp/

印刷・製本　株式会社 研文社

落丁・乱丁本はおとりかえいたします

ISBN978-4-8233-0229-9 C0014

大川隆法ベストセラーズ・真実の悟りを求めて

大悟の法

常に仏陀と共に歩め

「悟りと許し」の本論に斬り込んだ、著者渾身の一冊。分かりやすく現代的に説かれた教えは人生の疑問への結論に満ち満ちている。

2,000円

永遠の仏陀

不滅の光、いまここに

すべての者よ、無限の向上を目指せ——。大宇宙を創造した久遠仏が、生きとし生ける存在に託された願いとは。

1,800円

釈尊の出家

仏教の原点から探る出家の意味とは

「悟り」を求めるために、なぜ、この世のしがらみを断つ必要があるのか？ 現代の常識では分からない「出家」の本当の意味を仏陀自身が解説。

1,500円

真説・八正道

自己変革のすすめ

「現代的悟りの方法論」の集大成とも言える原著に、仏教的な要点解説を加筆して新装復刻。混迷の時代において、新しい自分に出会い、未来を拓くための書。

1,700円

※表示価格は本体価格（税別）です。

大川隆法ベストセラーズ・悟りの真髄を学ぶ

釈迦の本心

よみがえる仏陀の悟り

釈尊の出家・成道を再現し、その教えを現代人に分かりやすく書き下ろした仏教思想入門。読者を無限の霊的進化へと導く。

2,000円

沈黙の仏陀

ザ・シークレット・ドクトリン

本書は、戒律や禅定などを平易に説き、仏教における修行のあり方を明らかにする。現代人に悟りへの道を示す、神秘の書。

1,748円

漏尽通力

現代的霊能力の極致

高度な霊能力の諸相について語った貴重な書を、秘蔵の講義を新規収録した上で新装復刻！ 神秘性と合理性を融合した「人間完成への道」が示される。

1,700円

観自在力

大宇宙の時空間を超えて

釈尊を超える人類史上最高の「悟り」と「霊能力」を解き明かした比類なき書を新装復刻。宗教と科学の壁を超越し、宇宙時代を拓く鍵が、ここにある。

1,700円

大川隆法ベストセラーズ・心の修行の指針

心に目覚める

AI時代を生き抜く「悟性」の磨き方

AIや機械には取って代わることのできない「心」こそ、人間の最後の砦――。感情、知性、理性、意志、悟性など、普遍的な「心の総論」を説く。

1,500円

心眼を開く

心清らかに、真実を見極める

心眼を開けば、世界は違って見える――。個人の心の修行から、政治・経済等の社会制度、「裏側」霊界の諸相まで、物事の真実を見極めるための指針を示す。

1,500円

信仰と情熱

プロ伝道者の条件

多くの人を救う光となるために――。普遍性と永遠性のある「情熱の書」、仏道修行者として生きていく上で「不可欠のガイドブック」が、ここに待望の復刻。

1,700円

悪魔の嫌うこと

悪魔は現実に存在し、心の隙を狙ってくる！ 悪魔の嫌う3カ条、怨霊の実態、悪魔の正体の見破り方など、目に見えない脅威から身を護るための「悟りの書」。

1,600円

※表示価格は本体価格（税別）です。

大川隆法シリーズ・最新刊

自助論の精神

「努力即幸福」の境地を目指して

運命に力強く立ち向かい、「努力即幸福」の境地へ——。嫉妬心や劣等感の克服、成功するメカニカルな働き方等、実践に裏打ちされた珠玉の人生訓を語る。

1,600円

文豪たちの明暗

太宰治、芥川龍之介、坂口安吾、川端康成の霊言

日本を代表する４人の作家たちの死後の行方とは?「光の芸術」と「闇の芸術」の違い、作品の価値観が天国と地獄のどちらに属するかを見抜くための入門書。

1,400円

何を以《も》って愛とするか

ジョン・レノンの霊言

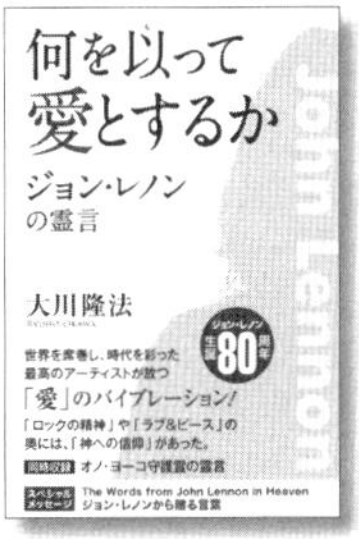

ジョン・レノンが体現した「ロックの精神」、そして「愛」「自由」とは? オノ・ヨーコ守護霊の霊言、楽曲歌詞〈ジョン・レノンから贈る言葉〉を同時収録。

1,400円

天照大神よ、神罰は終わったか。

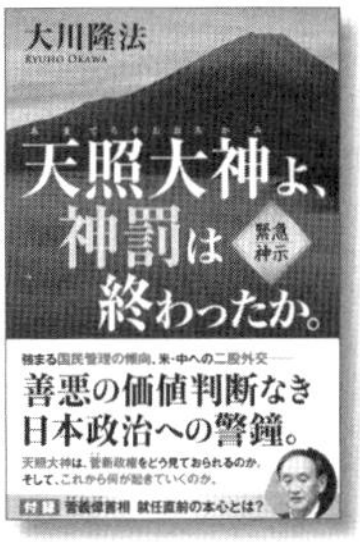

コロナ禍、経済不況、相次ぐ天災——。天照大神から全国民へ、危機の奥にある天意と日本の進むべき道が示される。〈付録〉菅義偉総理 就任直前の守護霊霊言

1,400円

幸福の科学出版

マドリード国際映画祭
長編外国語映画部門
最優秀作品賞
レインダンス映画祭
特別上映作品
サンディエゴ国際映画祭
公式選出作品
夜明けを信じて。
すべてを捨て、ただ一人往く。
製作総指揮・原作　大川隆法
10.16
Roadshow
田中宏明　千眼美子　長谷川奈央　並樹史朗　窪塚俊介　芳本美代子　芦川よしみ　石橋保
監督／赤羽博　音楽／水澤有一　脚本／大川咲也加　製作／幸福の科学出版　製作協力／ARI Production　ニュースター・プロダクション
制作プロダクション／ジャンゴフィルム　配給／日活　配給協力／東京テアトル　© 2020 IRH Press
https://yoake-shinjite.jp/

幸福の科学グループのご案内

宗教、教育、政治、出版などの活動を通じて、地球的ユートピアの実現を目指しています。

幸福の科学

一九八六年に立宗。信仰の対象は、地球系霊団の最高大霊、主エル・カンターレ。世界百四十カ国以上の国々に信者を持ち、全人類救済という尊い使命のもと、信者は、「愛」と「悟り」と「ユートピア建設」の教えの実践、伝道に励んでいます。

（二〇二〇年十一月現在）

愛

幸福の科学の「愛」とは、与える愛です。これは、仏教の慈悲《じひ》や布施《ふせ》の精神と同じことです。信者は、仏法真理をお伝えすることを通して、多くの方に幸福な人生を送っていただくための活動に励んでいます。

悟り

「悟り」とは、自らが仏の子であることを知るということです。教学《きょうがく》や精神統一によって心を磨き、智慧《ちえ》を得て悩みを解決すると共に、天使・菩薩《ぼさつ》の境地を目指し、より多くの人を救える力を身につけていきます。

ユートピア建設

私たち人間は、地上に理想世界を建設するという尊い使命を持って生まれてきています。社会の悪を押しとどめ、善を推し進めるために、信者はさまざまな活動に積極的に参加しています。

国内外の世界で貧困や災害、心の病で苦しんでいる人々に対しては、現地メンバーや支援団体と連携して、物心両面にわたり、あらゆる手段で手を差し伸べています。

年間約２万人の自殺者を減らすため、全国各地で街頭キャンペーンを展開しています。

公式サイト **www.withyou-hs.net**

自殺防止相談窓口

受付時間　火～土:10～18時（祝日を含む）

TEL **03-5573-7707** メール **withyou-hs@happy-science.org**

ヘレン・ケラーを理想として活動する、ハンディキャップを持つ方とボランティアの会です。視聴覚障害者、肢体不自由な方々に仏法真理を学んでいただくための、さまざまなサポートをしています。

公式サイト **www.helen-hs.net**

入会のご案内

幸福の科学では、大川隆法総裁が説く仏法真理《ぶっぽうしんり》をもとに、「どうすれば幸福になれるのか、また、他の人を幸福にできるのか」を学び、実践しています。

入会

仏法真理を学んでみたい方へ

大川隆法総裁の教えを信じ、学ぼうとする方なら、どなたでも入会できます。入会された方には、『入会版「正心法語《しょうしんほうご》」』が授与されます。

ネット入会　入会ご希望の方はネットからも入会できます。
happy-science.jp/joinus

三帰《さんき》誓願《せいがん》

信仰をさらに深めたい方へ

仏弟子としてさらに信仰を深めたい方は、仏《ぶっ》・法《ぽう》・僧《そう》の三宝《さんぽう》への帰依を誓う「三帰誓願式」を受けることができます。三帰誓願者には、『仏説・正心法語』『祈願文《きがんもん》①』『祈願文②』『エル・カンターレへの祈り』が授与されます。

幸福の科学 サービスセンター
TEL 03-5793-1727
受付時間／
火～金：10～20時
土・日祝：10～18時
（月曜を除く）

幸福の科学 公式サイト
happy-science.jp

ハッピー・サイエンス・ユニバーシティ

Happy Science University

ハッピー・サイエンス・ユニバーシティとは

ハッピー・サイエンス・ユニバーシティ（HSU）は、大川隆法総裁が設立された「現代の松下村塾」であり、「日本発の本格私学」です。建学の精神として「幸福の探究と新文明の創造」を掲げ、チャレンジ精神にあふれ、新時代を切り拓く人材の輩出を目指します。

人間幸福学部　経営成功学部　未来産業学部

HSU長生キャンパス TEL **0475-32-7770**
〒299-4325　千葉県長生郡長生村一松丙 4427-1

未来創造学部

HSU未来創造・東京キャンパス
TEL **03-3699-7707**
〒136-0076　東京都江東区南砂2-6-5　公式サイト **happy-science.university**

学校法人 幸福の科学学園

学校法人 幸福の科学学園は、幸福の科学の教育理念のもとにつくられた教育機関です。人間にとって最も大切な宗教教育の導入を通じて精神性を高めながら、ユートピア建設に貢献する人材輩出を目指しています。

幸福の科学学園
中学校・高等学校（那須本校）
2010年4月開校・栃木県那須郡（男女共学・全寮制）
TEL **0287-75-7777** 公式サイト **happy-science.ac.jp**

関西中学校・高等学校（関西校）
2013年4月開校・滋賀県大津市（男女共学・寮及び通学）
TEL **077-573-7774** 公式サイト **kansai.happy-science.ac.jp**

仏法真理塾「サクセスNo.1」

全国に本校・拠点・支部校を展開する、幸福の科学による信仰教育の機関です。小学生・中学生・高校生を対象に、信仰教育・徳育にウエイトを置きつつ、将来、社会人として活躍するための学力養成にも力を注いでいます。

TEL 03-5750-0751（東京本校）

エンゼルプランV

東京本校を中心に、全国に支部教室を展開しています。信仰に基づいて、幼児の心を豊かに育む情操教育を行っています。また、知育や創造活動を通して、子どもの個性を大切に伸ばし、天使に育てる幼児教室です。

TEL 03-5750-0757（東京本校）

不登校児支援スクール「ネバー・マインド」 TEL 03-5750-1741

心の面からのアプローチを重視して、不登校の子供たちを支援しています。

ユー・アー・エンゼル！（あなたは天使！）運動

障害児の不安や悩みに取り組み、ご両親を励まし、勇気づける、障害児支援のボランティア運動を展開しています。

一般社団法人 ユー・アー・エンゼル

TEL 03-6426-7797

NPO活動支援

いじめから子供を守ろうネットワーク

学校からのいじめ追放を目指し、さまざまな社会提言をしています。また、各地でのシンポジウムや学校への啓発ポスター掲示等に取り組む一般財団法人「いじめから子供を守ろうネットワーク」を支援しています。

公式サイト mamoro.org ブログ blog.mamoro.org

相談窓口 TEL.03-5544-8989

百歳まで生きる会

「百歳まで生きる会」は、生涯現役人生を掲げ、友達づくり、生きがいづくりをめざしている幸福の科学のシニア信者の集まりです。

シニア・プラン21

生涯反省で人生を再生・新生し、希望に満ちた生涯現役人生を生きる仏法真理道場です。定期的に開催される研修には、年齢を問わず、多くの方が参加しています。

全世界212カ所（国内197カ所、海外15カ所）で開校中。

【東京校】 TEL 03-6384-0778 FAX 03-6384-0779

メール senior-plan@kofuku-no-kagaku.or.jp

幸福実現党

内憂外患《ないゆうがいかん》の国難に立ち向かうべく、2009年5月に幸福実現党を立党しました。創立者である大川隆法党総裁の精神的指導のもと、宗教だけでは解決できない問題に取り組み、幸福を具体化するための力になっています。

幸福実現党 釈量子サイト shaku-ryoko.net
Twitter 釈量子@shakuryokoで検索

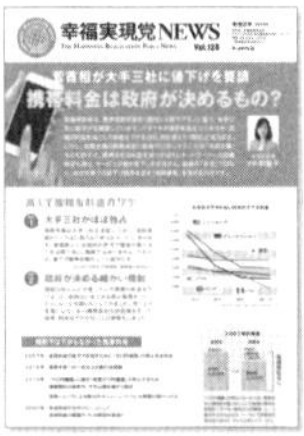

党の機関紙
「幸福実現党NEWS」

幸福実現党　党員募集中

あなたも幸福を実現する政治に参画しませんか。

- ○幸福実現党の理念と綱領、政策に賛同する18歳以上の方なら、どなたでも参加いただけます。
- ○党費：正党員（年額5千円［学生 年額2千円］）、特別党員（年額10万円以上）、家族党員（年額2千円）
- ○党員資格は党費を入金された日から1年間です。
- ○正党員、特別党員の皆様には機関紙「幸福実現党NEWS（党員版）」（不定期発行）が送付されます。

＊申込書は、下記、幸福実現党公式サイトでダウンロードできます。
住所：〒107-0052　東京都港区赤坂2-10-8 6階 幸福実現党本部
TEL 03-6441-0754　FAX 03-6441-0764
公式サイト hr-party.jp

幸福の科学出版

大川隆法総裁の仏法真理の書を中心に、ビジネス、自己啓発、小説など、さまざまなジャンルの書籍・雑誌を出版しています。他にも、映画事業、文学・学術発展のための振興事業、テレビ・ラジオ番組の提供など、幸福の科学文化を広げる事業を行っています。

アー・ユー・ハッピー?
are-you-happy.com

ザ・リバティ
the-liberty.com

幸福の科学出版
TEL **03-5573-7700**
公式サイト **irhpress.co.jp**

THE FACT
ザ・ファクト
マスコミが報道しない「事実」を世界に伝えるネット・オピニオン番組

ザ・ファクト 検索

NEW STAR PRODUCTION

ニュースター・プロダクション

「新時代の美」を創造する芸能プロダクションです。多くの方々に良き感化を与えられるような魅力あふれるタレントを世に送り出すべく、日々、活動しています。 公式サイト **newstarpro.co.jp**

ARI Production

ARI《アリ》 Production《プロダクション》

タレント一人ひとりの個性や魅力を引き出し、「新時代を創造するエンターテインメント」をコンセプトに、世の中に精神的価値のある作品を提供していく芸能プロダクションです。 公式サイト **aripro.co.jp**

大川隆法　講演会のご案内

大川隆法総裁の講演会が全国各地で開催されています。講演のなかでは、毎回、「世界教師」としての立場から、幸福な人生を生きるための心の教えをはじめ、世界各地で起きている宗教対立、紛争、国際政治や経済といった時事問題に対する指針など、日本と世界がさらなる繁栄の未来を実現するための道筋が示されています。

2019年12月17日 さいたまスーパーアリーナ「新しき繁栄の時代へ」

2019年10月6日 ザ ウェスティン ハーバーキャッスル トロント(カナダ)「The Reason We Are Here」

2019年7月5日 福岡国際センター「人生に自信を持て」

2019年3月3日 グランド ハイアット 台北(台湾)「愛は憎しみを超えて」

2019年7月13日 ホテル イースト21 東京「幸福への論点」

講演会には、どなたでもご参加いただけます。最新の講演会の開催情報はこちらへ。⟹ 大川隆法総裁公式サイト https://ryuho-okawa.org